实用主义与美国思想文化译丛

丛书主编　陈亚军

Empiricism and the Philosophy of Mind

Wilfrid Sellars

With an Introduction by Richard Rorty and a Study Guide by Robert Brandom

经验主义与心灵哲学

［美］威尔弗里德·塞拉斯　著
［美］理查德·罗蒂　引言
［美］罗伯特·B. 布兰顿　导读
王　玮　译

复旦大学 出版社

国家出版基金
上海市新闻出版专项资金
复旦大学哲学学院
复旦大学杜威中心
资助出版

作者介绍

威尔弗里德·斯托克·塞拉斯（Wilfrid Stalker Sellars，1912–1989） 当代美国著名哲学家，曾在密歇根大学、布法罗大学、牛津大学和哈佛大学学习，于爱荷华大学、明尼苏达大学、耶鲁大学和匹兹堡大学执教。1956年，塞拉斯在伦敦大学作一期讲座，题为"所予神话：关于经验主义与心灵哲学的三次讲座"，不久以《经验主义与心灵哲学》为题发表于《明尼苏达科学哲学研究》第一卷，成为20世纪最有影响的文章之一。塞拉斯著述丰硕，主要有《科学、感知与实在》《哲学视角》《科学与形而上学：康德主题变奏曲》《哲学与哲学史文集》《自然主义与存在论》《纯粹语用学与可能世界：威尔弗里德·塞拉斯早期文集》《认识论的形而上学：威尔弗里德·塞拉斯讲座》《康德与前康德主题：威尔弗里德·塞拉斯讲座》《康德的先验形而上学：塞拉斯的卡西尔讲座及其他文集》《在理由的空间：威尔弗里德·塞拉斯文选》等。塞拉斯享有很多荣誉，主要有牛津大学的约翰·洛克讲座、德克萨斯大学的马切特基金会讲座、芝加哥大学的约翰·杜威讲座、美国哲学协会的卡洛斯讲座、莱斯大学的查诺夫讲座、耶鲁大学的恩斯特·卡西尔讲座等。

译者介绍

王 玮（1984– ） 河北石家庄人，2007年6月毕业于山西大学，获哲学学士学位；2010年6月年毕业于南京大学，获哲学硕士学位；2012年8月–2013年8月赴美国印第安纳大学哲学系交流学习；2016年9月毕业于南京大学，获哲学博士学位，主要从事英美哲学研究，特别是塞拉斯哲学研究。

内容提要

本书为分析哲学的经典文献。正文部分一共16节，如题目所示，主要内容可以分为两个部分。前半部分批判经验主义，这一批判既涉及以洛克、贝克莱、休谟为代表的古典经验主义，也涉及以G. E. 摩尔、罗素和艾耶尔等为代表的当代经验主义，由此来进入"所予神话"。后半部分讨论心灵哲学，这一讨论通过讲述"琼斯的神话"来正面回答"所予神话"中的问题，并且由此提出一种新的心灵观，这种心灵观讲明了内在片断的真正身份，也表明了塞拉斯后来称为的言语行为主义立场。可以说，整篇文章以批判"所予神话"为核心，综合展现了塞拉斯的认识论、语言哲学、科学实在论和心灵哲学思想。

总 序

陈亚军

二十世纪七十年代以来,实用主义在西方思想学术界强劲复活,引起人们的广泛重视。它的影响正越过学院的围墙,深入到美国社会、文化的各个层面。实用主义和美国思想文化互为表里,形成了紧密的关联与互动,以至于要了解当今的美国思想文化之精髓,不能不了解实用主义;反过来,要理解实用主义,也不能不研究美国思想文化。

研究的第一要事是翻译。没有对研究对象的全面系统的翻译,深入的研究便是一句空话。说得更加极端一些,翻译本身就是研究的一部分。套用康德的话说:"没有翻译的研究是空洞的,没有研究的翻译是盲目的。"出于这一考虑,在主持"实用主义与美国思想文化研究"系列丛书的同时,我们也主持翻译了这套译丛。希望二者可以相互支撑,形成互补。

多年来,我国学术界对于实用主义尤其是古典实用主义经典的移译取得了令人瞩目的成就。新近《杜威全集》(38卷)中文版的问世,是这些成就最为醒目的标志。然而,我们也应该看到,相对而言,在实用主义的庞大家族中,我们对于皮尔士、罗伊斯、米德、席勒这些实用主义者的重视还远远不够,对于过渡期的实用主义者如刘易斯、莫里斯等人还缺少关注,对于新实用主义者的最近成果的追踪也不够及时,而对于相关的实用主义与美国思想文化的相互影响,更是难见一瞥。所有这些不足,都是本译丛立志要改变的。

本丛书的译者多是相关领域的专家学者、青年才俊。我们会尽自己的最大努力,为读者提供可靠的优秀翻译成果。但翻译从来就是一项艰苦的事业,由于能力水平的局限,出现错误是可以想见的,我们将努力减少错误,同时也衷心期待来自各位方家的批评指正。学术乃天下之公器,对此,学术共同体的每一个成员都责无旁贷。

最后,我要衷心感谢复旦大学出版社和复旦大学哲学学院,感谢你们对于本丛书的大力支持!

目 录

001 / 引言　理查德·罗蒂

011 / **经验主义与心灵哲学　威尔弗里德·塞拉斯**
    012 / I. 感觉材料论的含糊之处
    021 / II. 另一种语言？
    027 / III. "看上去"的逻辑
    038 / IV. 解释看上去
    043 / V. 印象与观念：一个逻辑的观点
    047 / VI. 印象与观念：一个历史的观点
    052 / VII. "意指"的逻辑
    056 / VIII. 经验知识有一个基础吗？
    064 / IX. 科学与日常用法
    069 / X. 私人片断：问题
    072 / XI. 思想：经典的看法
    074 / XII. 我们的赖尔祖先
    077 / XIII. 理论与模型
    080 / XIV. 方法论的行为主义与哲学的行为主义
    083 / XV. 私人片断的逻辑：思想
    087 / XVI. 私人片断的逻辑：印象
    094 / 参考文献

097 / 导读　罗伯特·布兰顿

引 言

理查德·罗蒂

1　　我们如今称为"分析的"这种哲学起初是经验主义的一种形式。它源于伯特兰·罗素、鲁道夫·卡尔纳普等人的工作——A·J·艾耶尔在他的《语言、真理与逻辑》(1936)中对其作了总结,并以经典的(完全适合教学的)方式叙述了出来。在那本书中,艾耶尔提出了构成我们如今称为"逻辑实证主义"或"逻辑经验主义"的种种想法——它们用语言学的语言而不是用心理学的语言重述英国经验主义的基础主义认识论。这些想法与导致有时被称为"后实证主义"的分析哲学——有时被称为"超越"经验主义和理性主义的一派哲学——的种种想法截然不同。

　　分析哲学从前期转向后期——从 1950 年左右开始到 1970 年左右完成——源自错综复杂的力量,其模式难以勾画。尽管如此,任何研究这一转向的史学家都应聚焦三本有巨大影响的著作:威拉德·冯·奥曼·蒯
2　因的《经验主义的两个教条》(1951),路德维希·维特根斯坦的《哲学研究》(1954)和威尔弗里德·塞拉斯的《经验主义与心灵哲学》(1956)。

　　其中,塞拉斯这一篇幅稍长、复杂难懂且非常丰富的文章最不知名,也讨论得最少。研究近来英美哲学的史学家强调蒯因文章的重要性,即它质疑"分析真理"的观念,从而质疑哲学应该是"语言的逻辑分析"这个卡尔纳普-罗素的观念。他们也强调后期维特根斯坦工作的重要性——尤其是他"反对直接性"(斯特劳森语),即他怀疑传统经验主义对知识习得的解释。他们大多不重视塞拉斯在瓦解感觉材料经验主义中的角色。这真可惜,因为,塞拉斯对"所予神话"的批评在美国(尽管没有在英国)曾经很有影响,从而使哲学家们相信艾耶尔主张的那种现象主义存在深

层错误①。

威尔弗里德·塞拉斯 1912 年出生,1989 年逝世。他曾在明尼苏达、耶鲁,最后在匹兹堡讲授哲学。他发表过大量论文,还出版过一部专著,即《科学与形而上学》(1967 年他在牛津的洛克讲座)②。他的著述常因其晦涩而受到批评。这晦涩部分源自塞拉斯的独特文风,部分则只是评论者的个人意见。因为塞拉斯与第二次世界大战之后的其他著名美国哲学家不同,而且与蒯因和维特根斯坦截然不同,他对哲学史有广泛和深入的了解③。关于先前哲学家们的知识在他的著述中总是出现(比如《科学与形而上学》开篇两个相当晦涩的康德章节),这使他的著述在哲学史素养不如塞拉斯的分析哲学家们看来很难。塞拉斯相信,"没有哲学史的哲学即使不是盲的,至少也是哑的",不过,这个看法在他的很多读者看来只不过是固执己见罢了。

在塞拉斯的著作中,《经验主义与心灵哲学》阅读最为广泛,也最容易找到。其实,大多数分析哲学家对塞拉斯的认识也仅限于这篇文章。不过,这差不多也够了,因为它是一个完整哲学体系的缩影。它涵盖塞拉斯总体规划的绝大部分——他把这项规划描述为试着将分析哲学引出它的休谟阶段,引入它的康德阶段。

---

① 奥斯汀在他死后出版的《感觉与可感项》中对艾耶尔的批判在英国扮演了塞拉斯的文章在美国扮演的角色。美国哲学家非常欣赏奥斯汀,不过,到《感觉与可感项》出版的时候,他们已经基本放弃感觉材料。
② 《科学与形而上学》(London: Routledge, 1967)。最有影响的塞拉斯论文集是他的《科学、感知与实在》(London: Routledge, 1963)——其中收录了《经验主义与心灵哲学》——和他的《哲学与哲学史文集》(Dordrecht: Reidel, 1974)。在 C·F·德莱尼等人的《综观:威尔弗里德·塞拉斯哲学文集》(Notre Dame: Notre Dame University Press, 1977)和 H·-N·卡斯塔尼达编辑的《行动、知识与实在:纪念威尔弗里德·塞拉斯的批判研究》(Indianapolis: Bobbs-Merrill, 1975)中能找到对塞拉斯著述的评述。
③ 关于蒯因对哲学史的轻蔑态度,参见他的自传《我的生命历程》(Cambridge, Mass: MIT Press, 1985),第 194 页。关于维特根斯坦对古代和近代哲学的零散阅读,参见加里·哈利特,S. J.:《维特根斯坦〈哲学研究〉指南》(Ithaca: Cornell University Press, 1977),第 759—775 页。

4　　　贯穿这篇文章的基本思想是康德的："直观无概念则盲。"得到一个感觉印象本身既非知识的一个例子亦非有意识的经验的一个例子。塞拉斯——像后期维特根斯坦，但不像康德——将拥有一个概念等同于掌握一个语词的使用。因此，他认为掌握一种语言是有意识的经验的先决条件。他在第29节说："**所有**关于**分类**、**相似**、**事实**等的觉知，总之，所有关于抽象实体的觉知——确切地讲，甚至所有关于殊相的觉知——都是语言的事。"这个学说，他称之为"心理学的唯名论"，衍推洛克、贝克莱和休谟错误地认为我们"只靠得到感觉和意象……来觉知某些确定的分类"（第28节）。

　　塞拉斯的心理学的唯名论论证基于一个断言，它阐明了《哲学研究》中很多格言的寓意："根本在于，在将一个片断或一个状态描述为**认识到**的片断或状态时，我们不是在经验描述那个片断或状态；我们是在将它置于理由的逻辑空间，即证成和能证成我们的话的逻辑空间。"（第36节）换言之，知识不能脱离社会实践——向我们的同胞证成我们的断言的实践。它不是这一实践的前提，而是与之一同产生。

　　因此，我们不能按照一些逻辑实证主义者希望的那样做：将认识的事实完全分析"为非认识的事实，无论是现象的还是行为的、公共的还是
5　　私人的，不管用多少虚拟语句和假言语句"（第5节）①。特别是，我们不能靠从"直接了解"的对象——"直接在心灵面前"的对象——中发现经验知识的"基础"来作这样一个分析。我们不能特许（例如）周围有红的什么这种报告是"关于直接所予的报告"。因为，这种报告与周围有母牛或电子这样的报告一样，都由语言从而由社会实践促成。我们一旦变成心理学的唯名论者，(经验主义和理性主义都必不可少的)关于知识"基

---

① 正如这篇文章的很多其他段落，说到种种失败的还原分析，就要比较熟悉20世纪40年代和50年代初的分析哲学文献——例如，艾耶尔对现象主义的辩护、赖尔对笛卡尔的批判，等等。塞拉斯文章中的某几节——例如第8—9节和第21—23节——可能在不熟悉的人看来是画蛇添足。不过，不说塞拉斯讨论的具体人物，也能理解这篇文章的总体论证。

础"的整个想法就不复存在。

蒯因的《经验主义的两个教条》通过批评分析真理和综合真理的区分来摧毁理性主义的基础主义,而《经验主义与心灵哲学》通过批评"给予心灵"的和"心灵添加"的区分来摧毁经验主义的基础主义。塞拉斯对所予神话的批评是决定性的一步,它使分析哲学放弃了逻辑经验主义者们的种种基础主义动机。它质疑"认识论"的核心想法,即质疑哲学家在那一标题下讨论的问题的真实性①。这篇文章中被引用最多的话之一在第38节:"……经验知识,和其复杂延伸(科学)一样,是理性的,不是因为它有一个**基础**,而是因为它是一项自我调整的事业,能让**任何**断言处于危险之中,尽管不是同时让**全部**断言如此。"②这句话表明,理性不是服从(认识论者们可能希望制定的)标准,而是相互迁就地参与一项联合社会规划。

不过,《经验主义与心灵哲学》不只是为心理学的唯名论的预设和蕴涵作阐明和辩护。第48—63节还含有塞拉斯的"琼斯的神话"——这故事解释了为什么我们会是自然主义者,却不是行为主义者,即为什么我们会接受维特根斯坦对塞拉斯称之为"自我确证的非言语片断"的怀疑,却没有赖尔对思想和感觉印象这样的心理实体的实存的怀疑。

这在当时(塞拉斯写作的时候)是一个棘手的问题。因为,赖尔的

---

① 塞拉斯的相关著述衔接美国实用主义者们的著述——尤其是皮尔士在其文章《对四种能力的否定所产生的某些后果》(1868)和杜威在其文章《经验主义的经验综述》(1935)中对所予的激烈抨击。关于美国实用主义发展的合理描述——塞拉斯基本不在其中,但他非常适合——参见约翰·P·墨菲的《实用主义:从皮尔士到戴维森》(Boulder, Colo.: Westview Press, 1990)。

② 在我的《哲学与自然之镜》(1979)第IV章第2节中,我简要描述了蒯因和塞拉斯在说服哲学家们放弃罗素和卡尔纳普的原子主义与基础主义中扮演的角色。

在那本书中,我也竭力主张,放弃基础主义可能会令使我们不再认为我们需要"知识论"。最近,迈克尔·威廉姆斯——在他的《不合理的怀疑:认识论的实在论与怀疑论的基础》(Cambridge, Mass., and Oxofrd: Blackwell, 1991)中——已经更彻底、更仔细地展开这个主题。他认为,就是这个令人遗憾的想法,即存在一个称为"人类知识"的自然种类,引起基础主义和笛卡尔的怀疑论。威廉姆斯的前一本书——《没有根据的信念》(Blackwell, 1977)——一本为《不合理的怀疑》奠基的反基础主义专著,深受塞拉斯的影响。

《心的概念》(1949)在《哲学研究》出版前不久出版，这使得维特根斯坦对"一种私人语言"的想法和"只能一个人认识到的实体"的想法的反对看起来离不开赖尔对"机器中的幽灵"的激烈抨击。塞拉斯描述了内在片断原是假定实体，不是观察实体，他也描述了说者接着怎么会作关于这种片断的内省报告（第59节），从而表明我们怎么会是一个维特根斯坦主义者，却不是赖尔主义者。塞拉斯表明，我们怎么会给"心理事件"一个非还原的描述，却还是和维特根斯坦一道避开了这幅图画：心灵之眼在可以说是非物质的内在剧场目睹了这些事件。

塞拉斯对心身差异的处理，在之后的几十年中得到很多心灵哲学家的跟进。他可能是坚称我们将"心灵"当作语言的一种实体化(hypostatization)的第一位哲学家。他认为信念的意向性反映语句的意向性，而非相反①。这一反转使我们可以认为心灵随语言的逐步发展渐渐出现，属于可以得到自然主义阐明的进化过程，而非认为语言是人类具有而动物没有的内向又神秘的什么的外向显露。塞拉斯认为，如果你能解释我们称为"使用语言"的社会实践怎么出现，你就已经完全解释了心灵与世界之间的关系②。

罗伯特·布兰顿近来的一本书《使之清晰》③作出首次系统全面跟

---

① 这一点在塞拉斯与罗德里克·齐硕姆极富教益的论辩中最为明确，题为"意向性与心理"，转载于《明尼苏达科学哲学研究》第 2 卷（Minneapolis: University of Minnesota Press, 1958）。
② 不过，只有当我们（像丹尼尔·丹尼特那样，而不是像托马斯·内格尔那样）不认为"看到红的某物时的状态"与"有称某物为红的的倾向"之间说的有什么根本不同时，情况才是这样。要认为塞拉斯消解了心身问题，我们就得否认感质(qualia)的实存。不过，不知道塞拉斯就这个问题会不会站在丹尼特一边，因为他曾忍不住认为，只有当我们发现了能解释现象学提出的"最终同质性"(the ultimate homogeneity)的专门的新微观结构属性时，他所谓的"人的科学映像"才会完整。即便如此，丹尼特也明确表示自己对塞拉斯的感谢。参见他的《意向态度》(Cambridge, Mass.: Bradford Books, 1986)。在第341页，丹尼特认为塞拉斯开创了功能主义，丹尼特自己就属于现代心灵哲学中的这个思想流派。在那页的一个脚注中，丹尼特评论说："塞拉斯的影响无处不在，不过都是潜意识的"；他还在第349页说："人们几乎不引用塞拉斯，却乐此不疲地重复着他的工作"。在我看来，后一评论准确地描述了塞拉斯在当前的分析哲学中的角色。
③ 《使之清晰：推理、表象与推论承诺》(Cambridge, Mass.: Harvard University Press, 1994)。

进塞拉斯思想的尝试①。更具体地讲,它提出了一个"将**推论**当作其基本概念的语义解释策略",而非另一个"自启蒙以来一直占主导地位,将**表象**当作其基本概念"的策略②。布兰顿的工作实际可以当作试着将分析哲学引出它的康德阶段,引入它的黑格尔阶段——塞拉斯自嘲《经验主义与心灵哲学》是"初期《黑格尔式沉思》"③(第 20 节)以及他称黑格尔是"'直接性'的那位大敌"(第 1 节)预示了这个尝试。

从黑格尔的视角看,认可康德直观无概念则盲的观点,是向放弃英国经验主义者们从笛卡尔学来的一个不良哲学习惯——习惯问心灵到底有没有成功地与世界直接联系,除非能表明这种联系实存,否则一直怀疑知识断言的身份——迈进的第一步。那个习惯,用布兰顿的语言来讲,是"表象主义"哲学家(比如笛卡尔和洛克)而非"推论主义"哲学家(比如莱布尼茨、康德、弗雷格、后期维特根斯坦和塞拉斯)具有的。前者将概念当作关于实在的表象(或推定表象),而非像康德那样当作规定怎样做事的规则。布兰顿说,康德的根本洞见"是,判断和行动首先要用我们对其**负责**的具体方式来理解"④。

贯彻康德思想的这一面,而不是把他引向怀疑结论——即我们不能得到物自身的知识——的一面,就是强调康德作为黑格尔、马克思、杜威和哈贝马斯的先驱的段落,而非将康德和他的先驱们联系起来的段落。这是《纯粹理性批判》中衔接康德的"世界公民导向的通史规划"的一面,而非衔接莱布尼茨和休谟的一面。

---

① 不过并非塞拉斯思想的各个方面。例如,布兰顿放弃了塞拉斯恢复语言与世界之间"描画"关系(维特根斯坦在《逻辑哲学论》中表述了它,之后又予以拒绝)的尝试,也放弃了他对于科学要发展足以解释感知现象学的微观物理学概念的思索。在这一方面,布兰顿之于《经验主义与心灵哲学》就像戴维森(他放弃了他所谓的蒯因的"不经意间的哲学清教主义")之于《经验主义的两个教条》。两个人都通过截其旁支树立各自老师的核心洞见。
② 布兰顿:《使之清晰》,第 xvi 页。
③ 塞拉斯暗指胡塞尔的巴黎讲座,以"笛卡尔式沉思"为题出版。
④ 布兰顿:《使之清晰》,第 8 页。

我曾冒昧地问塞拉斯,"如果一个人甘愿给黑格尔的精神(the spirit of Hegel)戴上卡尔纳普的脚镣,他怎么会有读者呢?"① 我的问题源于《经验主义与心灵哲学》最后一节,这是塞拉斯少有的畅谈之一。在那一节,他给出一个简要但综观的世界史视野:

> 我已用一个[琼斯的]神话消灭一个神话——所予神话。不过,我的神话真的是一个神话吗? 或者,读者难道没有意识到,琼斯不就是在从洞穴中的咿咿呀呀到会客室、实验室和书房中精妙多维的话语——亨利·詹姆斯、威廉·詹姆斯兄弟,爱因斯坦和哲学家们(他们为了超越话语到达一个话语之外的始基,已经给出最为奇特的一维)的语言——这一旅行途中的人类自己吗?(第 63 节)

这个问题用来连接琼斯的神话和黑格尔在《精神现象学》中对于从感觉感知到意识再到自我意识——更一般地讲,从自然到精神——的描述以及达尔文对于那个描述的修正。塞拉斯列入亨利·詹姆斯和爱因斯坦,这使我们想起他对困扰分析哲学早期阶段的科学崇拜的合理怀疑。括号里的分句是用来批评从柏拉图到艾耶尔所有希望"超越话语"的哲学家②,也用来提醒我们整篇文章的寓意在于,尽管没有这种始基,我们还是一样。

可以说,布兰顿从塞拉斯的文章结束的地方开始。他的书兑现了很多塞拉斯所谓的他的"期票",其结尾描述了"由一个共同体(其成员相互采取明确的推论态度)展现的完备且明确的解释均衡"——布兰顿将这均衡等同于"社会的自我意识"③。布兰顿给出了一个视野,所有的语言

---

① 我在试着模仿 W·G·波格森-史密斯关于斯宾诺莎的问题:"如果一个人甘愿给基督的灵(the Spirit of Christ)戴上欧几里得的脚镣,他怎么会有读者呢?"塞拉斯毫无笑意。
② 或许也用来批评黑格尔不经意的暗示,即我们可能会在问询和历史的尽头超越它。
③ 布兰顿:《使之清晰》,第 643 页。

使用者形成"一个由所有具体共同体的成员组成的大共同体——无论不同具体共同体的成员之间是否相互认得,大共同体的成员都跟别人一同说'我们',也对别人说'我们'"①。

从(一方面)语言和心灵哲学向(另一方面)世界史视野的这种自由从容的转变,不但让人想起米德和杜威,而且让人想起伽达默尔和哈贝马斯。这样的转变与塞拉斯和布兰顿的近黑格尔主义都表明,将塞拉斯-布兰顿"社会实践"的方法用于分析哲学的传统话题,可能会有助于将那个哲学传统和所谓的"大陆"传统重新联系起来。

非英语国家的哲学家往往竭力思索黑格尔,而大多数分析哲学家却相当缺乏哲学史训练,常常从康德直接跳到弗雷格。我们可以想象一个未来,回首令人厌倦的"分析-大陆分裂"是一次不幸的、暂时的交流中断——在未来,塞拉斯和哈贝马斯、戴维森和伽达默尔、普特南和德里达、罗尔斯和福柯都被当作同道,即迈克尔·奥克肖特所谓的异邦(*civitas pelegrina*)的同胞。

---

① 布兰顿:《使之清晰》,第4页。

经验主义与心灵哲学[*]

威尔弗里德·塞拉斯

---

[*] 注释:这篇论文最初是伦敦大学 1955—1956 年哲学专题讲座,题为"所予神话:经验主义与心灵哲学的三次讲座",作于 1956 年 3 月 1 日、8 日和 15 日。

I.
感觉材料论的含糊之处

1. 我想，批评关于所予(giveness)或(用黑格尔的语言来讲)直接性(immediacy)的哲学想法的哲学家都不会否认，在**推论**某物是这样和(例如)**看到**它是这样之间存在差别。如果词项"所予"(given)仅指称在观察时观察到的东西，或者(可能是)说我们靠观察确定的东西的真子集，那么"材料"的实存和哲学困惑的实存一样没有争议。不过，肯定不是这么回事。作为一个专业的——认识论的——术语，短语"所予"(the given)带有一个实质的理论承诺，我们可以合理地否认存在"材料"或者在这种意义上有什么是"所予"。

很多东西已经被称为"所予"：感觉内容、物质对象、共相、命题、实在联系、第一原则，甚至所予本身。的确有某种理解哲学家们用这些词项所分析的情境的方式可以被称为所予框架。这个框架一直是大部分主要哲学体系的共同特征，其中(用康德的措辞来讲)既包括"独断的理性主义"亦包括"怀疑的经验主义"。它的确一直非常普遍，几乎没有哲学家彻底摆脱了它；康德肯定没有，连(我将论证)黑格尔("直接性"的那位大敌)也没有。通常，以其名义批评的只是种种具体的"所予"。直观到的第一原则和综合的必然联系首先遭受批评。如今很多批评"整个所予想法"的人——人数越来越多——其实只是在批评感觉材料。因为他们将"所予"的典型特征转给了其他东西，比如物理对象或显象关系。不过，如果我从批评感觉材料论开始我的论证，那么它只是总体批判整个所予框架的第一步。

2. 感觉材料论通常区分觉知**动作**和(例如)作为其**对象**的色斑。此动作通常被称为**感觉到**(sensing)。该理论的经典大师们常常将这些动作描绘为"现象学上简单的"和"不可进一步分析的"。而其他感觉材料论者——其中一些人同样可以被认为是"经典大师"——则认为感觉到是可分析的。如果一些哲学家似乎认为感觉到可分析就不会是**动作**,那么这根本不是一般看法。的确有怀疑感觉到(如果有这种东西的话)是动作的深层根源,可以追溯到在经典感觉材料论中交织在一起的两条思路之一。不过,眼下我将仅假定,无论 x 被感觉到这个事实会多么复杂(或简单),它都具有一个形式,借此(不管到底是什么形式)说 x 被感觉到就是说它是一个动作的对象。

"是一个感觉材料(sense datum)或感材(sensum)"是被感觉项的一个关系属性。为了指称一个被感觉项却不衍推它**被**感觉到,必须使用其他用语。**可感项**(sensible)的缺点在于,它蕴涵被感觉项不被感觉到也可以实存,这也是在感觉材料论者间存在争议的一个问题。**感觉内容**(sense content)可能是最中立的一个词项。

似乎有多种多样的感觉到,一些人称之为**视觉感觉到**、**触觉感觉到**等,另一些人称之为**直接看到**、**直接听到**等。不过,不知道这些是否属于真正意义上的感觉到,或者"x 被视觉感觉到"是否只相当于"x 是一块被感觉到的色斑"、"x 被直接听到"只相当于"x 是一个被感觉到的声音"等。在后一种情况下,"是一个**视觉感觉到**或**直接听到**"是感觉动作的一个关系属性,正如"是一个感觉材料"是感觉内容的一个关系属性。

3. 现在,如果我们记住,所予这个认识论范畴大概是要阐明一个想法,即经验知识基于一个由关于事实的非推论知识构成的"基础",那么,一旦指出感觉材料论者认为被感觉到的是**殊相**(particulars),我们很可能会感到惊奇。因为,就是在非推论的知识中,被**认识到**的也是**事实而非殊相**,它具有**某物是这样**或**某物与另一物处于某一关系**的形式。那么,似乎感觉到感觉内容**不能**形成知识,无论是推论的还是非推论的;要是能的话,我们就很可能会问,感觉材料概念怎么解释"经验知识的基础"？似乎感觉材料论者必须在下述说法之间选择：

（a）被感觉到的是**殊相**。感觉到不是认识到（knowing）。感觉材料的实存不**逻辑**蕴涵知识的实存。

或者

（b）感觉到**是**一种认识到。被感觉到的是**事实**而非**殊相**。

根据选项（a），一个感觉内容被感觉到这个事实是关于该感觉内容的一个**非认识**的事实。不过，不要急于推断这一选项断绝了感觉到感觉内容与拥有非推论的知识之间的**任何**逻辑联系。因为，即使感觉到感觉内容不逻辑蕴涵实存非推论的知识，逆命题也很可能为真。比如，即使感觉到一个红的感觉内容本身不是一个认知事实，也不蕴涵拥有非推论的知识，关于具体事实的非推论知识也可能会逻辑蕴涵实存感觉材料（例如，**看到某一物理对象是红的**可能会逻辑蕴涵**感觉到一个红的感觉内容**）。

根据第二个选项（b），感觉到感觉内容会逻辑蕴涵实存非推论的知识，就是因为它**是**这一知识。不过，被感觉到的还是事实而非殊相。

4. 现在，似乎感觉材料论者在面临这一选择时试图两者兼得。因为，他通常**既**坚持感觉到是认识到，**亦**坚持被感觉到的是殊相。不过，他的立场绝非这一表述表明的那样毫无希望。因为，如果他在两种意义上使用语词**认识**（know）和（相应的）语词**所予**，那么两者就**能**兼得而不会在逻辑上没有意义。他必须像下面这样说：

> 我们的世界图画基于的非推论的认识到是认识到某些项（例如，红的感觉内容）具有某一特征（例如，红）。当这样一个关于一个感觉内容的事实被非推论地认识到，我会说该感觉内容被感觉到**是**（例如）**红的**。我会接着说，如果一个感觉内容**被感觉到**具有某一特征（例如，红），那么它**被感觉到**（到此为止）。最后，我会说一个感觉内容若它被感觉到（到此为止）那它就被**认识到**，来强调感觉到是一**个认知的**或**认识的**事实。

注意,有了这些规定,这在逻辑上就是必然的:如果一个感觉内容**被感觉到**,它就**被感觉到具有某一特征**,而如果它**被感觉到具有某一特征**,它具有这一特征这个事实就**被非推论地认识到**。还要注意,一个感觉内容被感觉到只有在**认识**的一个规定意义上才是**知识**。说一个**感觉内容**——例如,一块色斑——被"认识到",就是说**关于它的某个事实被**非推论地认识到,例如,它是红的。不过,**认识的这个规定**使用会从这个事实得到支持:**认识**在日常用法中有一种意义,它之后紧跟一个指称殊相的名词或描述短语,比如:

你认识约翰吗?(Do you know John?)

你认识总统吗?(Do you know the President?)

因为这些问题等值"你了解约翰吗?"和"你了解总统吗?",所以短语"了解的知识"(knowledge by acquaintance)自荐作为**认识**的这个规定意义的常用象征,而且(和其他常用象征一样)已凝结成一个专业词项。

5. 我们已经看到,**仅当**说一个感觉内容是所予是用关于一个有关这个感觉内容的事实的非推论知识来语境定义的,一个感觉内容是一个**材料**这个事实(如果的确有这种事实的话)才会逻辑蕴涵某人得到非推论的知识。如果没有清楚地意识到或记住这点,那么感觉材料论者们可能会认为感觉内容的所予是感觉材料框架的**基本**概念或**原始**概念,从而割断此理论的经典形式承诺的在感觉材料与非推论的知识之间的逻辑联系。这将我们带到这个事实面前:尽管作出了上述考虑,仍有很多感觉材料论者认为感觉内容的所予是感觉材料框架的基本观念。那么,怎么看从**感觉到感觉内容**到**得到非推论的知识**这个方向的逻辑联系? 显然,认为感觉到是独一不可分析的动作的人割断了这一联系。另一方面,认为感觉到是**可分析的事实的人**,如果他们分析 x 是一个红的感觉材料得到的结果与他们分析 x 被非推论地认识到是红的得到的结果一样,那么,虽然乍一看他们(因为将感觉到感觉内容当作感觉材料框架的基本概念)割断了这一联系,但却在一种意义上维持了它。从前门逐出的衍推又从后门溜了进来。

在这方面,有趣的是,在感觉材料论的经典时期,比如从摩尔的《驳唯心主义》到1938年左右,分析或简析感觉到的人是用**非认识的**词项来从事这一工作的。通常认为,说一个感觉内容被感觉到,就是说它是在种种感觉内容的某种关系排列中的一个要素,这里构成排列的是(比如)时空并列(或重叠)、恒常连结、记忆因果——甚至是实在联系和自属之类的关系。不过,有一类词项因其空缺而引起关注,即**认知的**词项。因为,这些词项和正在被分析的"感觉到"一样被认为属于一个更复杂的层级。

现在,认识的事实可以完全——即使是"大体"——被分析为非认识的事实,无论是现象的还是行为的、公共的还是私人的,不管用多少虚拟语句和假言语句,我都相信这个想法彻底错了——与伦理学中所谓的"自然主义谬论"一样的错误。不过,我现在不会推进这点,尽管它是我论证后期的一个主题。我想强调的是,无论经典感觉材料哲学家们认为感觉内容的所予能用非认识的词项来分析,还是认为其由(不知怎)既是不可还原的**亦**是认识到(knowings)的动作构成,他们全都是在其他意义上将它们当作基础的。

6. 因为,他们将所予当作一个不预设学习、生成协同、建立刺激-回应联系的事实。总之,他们往往将**感觉到感觉内容**等同于**有意识**,比如被击中头部的人**没有**意识,而充满活力的新生婴儿**有**意识。他们肯定会接受,认识到一个人(即自己)**现在**(即在某一时间)感到痛的能力**是习得**的,也确实预设一个(复杂的)概念生成过程。不过,他们会坚持认为,假定**感到痛**或**看到一种颜色**(总之,感觉到感觉内容)的简单能力是**习得的**,而且需要一个概念生成过程,的确非常奇怪。

不过,如果一位感觉材料哲学家认为感觉到感觉内容的能力是非习得的,那么他显然不会分析预设习得能力的 **x 感觉到一个感觉内容**。由此推出,仅当他愿意接受,得到(例如)红的感觉内容是红的这种非推论的知识的能力本身是非习得的，他才可以将 x 感觉到红的感觉内容 s 分析为 x 非推论地认识到 s 是红的。这将我们带到这个事实面前：大部分考虑经验的哲学家非常倾向于认为，所有归类意识、所有**某物是这样**的知识或（用逻辑学家的术语来讲）所有殊相之于共相的涵摄（subsumption）都需要学习、概念生成，甚至符号的使用。因此，上述分析表明，**经典**感觉材料论——我强调这个形容词是因为考虑到还有其他（即"非正统的"）感觉材料论——显然面临下述三个命题组成的矛盾三元组：

A. x 感觉到红的感觉内容 s 衍推 x 非推论地认识到 s 是红的。

B. 感觉到感觉内容的能力是非习得的。

C. 认识到具有 x 是 Φ 这个形式的事实的能力是习得的。

A 合取 B 衍推非 C；B 合取 C 衍推非 A；A 合取 C 衍推非 B。

经典感觉材料论者一旦正视 A、B 和 C 确实生成一个矛盾的三元组这个事实，他会选择放弃其中哪个呢？

1) 他可以放弃 A，这样，感觉到感觉内容就变成一个非认知的事实——一个非认知的事实诚然可能是非推论知识的必要条件，甚至是其**逻辑**必要条件，但尽管如此，却是一个不能**构成**这知识的事实。

2) 他可以放弃 B，这样，他必须付出代价，断绝感觉材料概念与我们关于感觉、感受、残像、痒觉等——感觉材料论者们通常认为它们是其常识的相应部分——的日常谈论的联系。

3) 不过，放弃 C 就是违背经验主义传统中占主导地位的唯名论倾向。

7. 关于感觉材料的经典概念肯定开始看上去好像是两个想法杂交的产物：

（1）这个想法，即存在某些内在片断——例如，关于红或关于 C♯ 的感觉，没有任何在先的学习或概念生成过程，它们也能发生在人类（和野兽）身上；没有它们，**在某种意义上就不可能看到**（例如）一个物理对象的向面表面是红的和三角形的，或听到某一物理声音是C♯。

（2）这个想法，即存在某些内在片断，它们是非推论地认识到某些项是（例如）红的或C♯；这些片断给所有其他经验命题提供证据，是经验知识的必要条件。

我想，我们一旦留意它们，就很容易看到这两个想法在传统认识论中是怎么混在一起的。**第一个想法**显然源于尝试以科学方式来解释感觉感知的事实。当根本没有物理对象在那，或者，即使有，它也既非红的亦非三角形的，人们也能得到他们将其描述为"我好像看到一个红的三角形物理对象"的经验，这是怎么回事？大致地讲，其解释假定，每当一个人得到这种经验，无论是否真实，他都得到一个被称为"关于一个红的三角形"的"感觉"或"印象"。其核心想法是，这样一个感觉的近因只是**在大多数情况下**由一个红的三角形物理对象在感知者周围出现而引起；比如，一个婴儿，既没有**看到**亦没有**看起来看到**一个物理对象的向面一面是红的和三角形的，也能得到"关于一个红的三角形的感觉"，而当成年人得到一个"关于一个红的三角形的感觉"，那之于他们通常**看上去会**有一个具有红的三角形向面表面的物理对象；没有这样一个感觉就不会得到这种经验。

23　　在我论证的过程中，我还会大量谈论对感知情境的这种"解释"。不过，我现在想强调的是，直到上述为止，没有理由假定得到关于一个红的三角形的感觉是一个**认知**或**认识**的事实。肯定存在一种诱惑，将"得到一个关于一个红的三角形的感觉"同化"想到一座天空之城"，归派给前者认识特征，即后者的"意向性"。不过，**可以抵制这种诱惑**，而且**可以认**为得到一个关于一个红的三角形的感觉是一个自成一类的事实，既非认识的亦非物理的，而是有其自己的逻辑语法。遗憾的是，这个想法，即存在关于红的三角形的感觉这种东西——我们会看到，其本身尽管不是没有困惑，却完全合法——看上去非常符合另一条不太幸运的思路的要求，以至于它几乎一直被曲解为证实了后者，不然后者早就失败了。这

条不幸却常见的思路如下:

> 看到一个物理对象的向面表面是红的和三角形的,这是一类经验(其中有些成员是非真实的)——我们来称之为"貌似看到"(ostensible seeings)——中的一个**真实**成员;没有可供检查的印记确保**某一**这样的经验是真实的。假定我们的世界图画基于的非推论知识是由**恰巧**是真实的貌似看到、貌似听到等组成,就是将经验知识置于一个极不稳固的基础上——确切地讲,就是歪曲"经验知识"这个短语中的**知识**一词来打开通向怀疑论的大门。
>
> 现在,通过具体说明其发生的环境和感知者的警觉,肯定可以界定貌似看到、貌似听到等的子类,它们会越来越稳固,即越来越可靠。不过,任何给定的貌似看到、貌似听到等都可能是非真实的,这种可能性永远不能完全排除。因此,鉴于经验**知识**的基础不能由这样一个类(即它的成员不都是真实的,也不能通过"检查"将非真实的成员从中清除)的真实成员组成,这个基础就不能由**看到一个物理对象的向面表面是红的和三角形的**这种项组成。

24

这样讲明之后,根本没人会接受这个结论。相反,他们会接受这一论证的逆否命题,推理说**因为**经验知识的基础**是**这种事实的非推论知识,所以它**确实**由这样一个类(它含有非真实的成员)的成员组成。不过,在这样讲明之前,它与第一条思路混在一起。这个想法突然闪现,即**关于红的三角形的感觉**正好具有**貌似看到红的三角形物理表面**没有的优点。首先,"关于一个红的三角形的感觉"与"关于一座天空之城的思想"有相似的语法,这被解释为意指或(更准确地说)引起这个预设,即**感觉**与**思想**属于同一范畴——总之,**感觉**是认知事实。**其次**,注意,据此感觉和心理过程的关系比外部物理对象和心理过程的关系要紧密得多。"抓到"一个我们感觉到的红的三角形看起来比"抓到"一个红的三角形的物理表面容易。不过,最重要的是,这些哲学家想到的是谈论不真实的感觉**没有意义**,尽管他们要这样想就一定忽视了这个事实:如果说一个经验**真实**是有意义的,那么说它**不真实**相应也一定是有意义的。我来强调一下,不是**所有**的感觉材料论者——即使是经典类型的——都犯下**所有**这些混淆;这些也不是感觉材料论者犯下的**所有**混淆。稍后我会再谈这个话题。不过,我提及的混淆是该传统的核心,会满足我现在的目的。因为,将所有这些因素混在一起的结果就是这个想法:一个关于一个红的三角形的感觉是经验知识的最佳范例。我想我们会很容易看到,这个想法直接导致正统的感觉材料论,也解释了我们在试着全面思考它时产生的困惑。

II.
另一种语言？

8. 我现在要简要考察由(例如)艾耶尔(1)(2)提出的一个非正统建议,大意是感觉材料的话语可以说是描述普通人用"这本书现在之于我看上去是绿的"和"那看起来有一个红的三角形对象"这种用语描述的情境的另一种语言,即认识论者设计的一种语言。这个建议的核心是认为,相对于普通人用于时空物理对象及其具有和显象具有的属性的语言,感觉材料的词汇没有增加描述话语的内容。因为,它认为,具有

$$x \text{ 显现给 } S \text{ 一个 } \Phi \text{ 感觉材料}$$

这个形式的语句就**规定**为与具有

$$x \text{ 之于 } S \text{ 看上去是 } \Phi$$

这个形式的语句有相同的效力。比如,"这个番茄显现给 S 一个鼓起的红的感觉材料"是"这个番茄之于 S 看上去是红的和鼓起的"的人工部分,它的意思就是后者的意指,因为就是这样规定的。

我要利用某一幅图画来阐明这个建议。我将从**代码**的想法开始,我将丰富这想法直到我谈论的代码不再**只**是代码。但我不会去回答我们到底是否还想将这些"得以丰富的代码"称为代码。

现在,我说的代码是一个符号系统,每个符号表示一个完整语句。因而,首先,在我们看来,代码有两个典型特征:(1)每个代码符号是一个单元;代码符号的部分本身不是代码符号。(2)代码符号之间存在的逻辑关系是完全寄生的;它们完全源自它们表示的语句之间的逻辑关

系。的确，谈论代码符号之间的逻辑关系是根据它们表示的语句之间的逻辑关系引入的一种谈论方式。比如，如果"○"表示"船上所有人病了"而"△"表示"船上有些人病了"，那么，在从"○"表示的语句推出"△"表示的语句的意义上，从"○"会推出"△"。

我来开始修改这种对代码的苛刻理解。没有理由说一个代码符号不会有这样的部分：它们没有变成独立的真正符号，但确实在系统中扮演一个角色。比如，它们可能扮演**助记手段**的角色，帮助我们想起它们组成的符号表示的语句的特征。例如，表示"Someone on board is sick"的代码符号可能含有使我们想起语词"sick"的字母 S，也可能含有使我们中间有逻辑学背景的人想起语词"someone"的倒字母 E。因而，表示"Someone on board is sick"的标示（flag）是"∃S"。现在，我显然想提出的建议是，某人可能将所谓的感觉材料语句引入作为代码符号或"标示"，而且引入它们含有的语音和语形来帮助我们想起标示整体表示的日常感知话语语句的某些特征。特别是，"感觉材料"这个语音或语形的角色是指示符号语句含有语境"……看上去……"，"红的"这个语音或语形的角色是指示相关语句含有语境"……看上去是红的……"，等等。

9. 现在，重视这种对感觉材料"语句"的理解，肯定就是重视这个想法：感觉材料"语句"间不存在独立的逻辑关系。**看上去**好像存在这种独立的逻辑关系，是因为这些"语句"看上去像**语句**，它们的真正部分是在**日常用法中**发挥**逻辑语词**功能的语音和语形。当然，若感觉材料的谈论是代码，它就是容易被误认为是真正语言的代码。我来举例说明。乍一看，它肯定看起来是这样：

A. 这个番茄显现给 S 一个红的感觉材料

不但衍推

B. 存在红的感觉材料

而且衍推

C. 这个番茄显现给 S 一个具有某一具体色度的红的感觉材料

不过,根据我在考虑的这种看法,这是错误的。(B)会从(A)推出(甚至是适合代码符号的加引号的"推出"),只是因为(B)标示**确实**从(A)在代码中表示的(α)"这个番茄之于琼斯看上去是红的"推出的(β)"某物之于某人看上去是红的"。不管看起来怎样,仅当(C)标示一个从(α)**推出**的**语句**时,(C)才会从(A)"推出"。

我稍后还会再谈这个例子。现在要强调的是,要一贯奉行这个看法,我们必须否认"性质""是""红的""颜色""深红的""可确定的""确定的""所有""有些""实存"等这样的语音和语形(**当它们在感觉材料谈论中出现**)在日常用法中的真正身份。它们其实是帮助我们想起哪个感觉材料"标示"和其他哪些感觉材料"标示"适合在一起的"**提示语**"(clues)。比如,组成

(D) 所有感觉材料是红的

和

(E) 有些感觉材料不是红的

这两个"标示"的语音使我们想起在(例如)

(F) 所有大象是灰的

和

(G) 有些大象不是灰的

之间真正的逻辑矛盾,从而提示这两个"标示"不适合在一起。因为,它们符号化的语句很可能是

(δ) 所有的物之于所有人看上去是红的

和

(ε) 某物之于某人看上去具有一种非红的颜色

两者**是**矛盾的。

不过,我们得谨慎使用这些提示语。比如,根据从

(H) 有些大象具有确定色度的粉红

可以推论出

(I) 有些大象是粉红的

这个事实，推断

(K) 有些感觉材料是粉红的

的标示权利带有

(L) 有些感觉材料具有确定色度的粉红

的标示权利，这显然是错误的。

9.* 不过，如果感觉材料语句真是感觉材料"语句"——即代码标示——那么，肯定由此推出，感觉材料谈论既没**阐明**亦没**解释**具有 x 之于 S 看上去是 Φ 或 x 是 Φ 这个形式的事实。似乎就是这么回事，因为，要付出近乎超人的努力才能坚持不将代码中出现的语音和语形（现在我来将"直接认识"这个语音加入我们之前的列表）当作（如果它们是日常用法语词的同音或同形的异义词）有其日常意义而且（如果它们是人工的）有靠它们与其他语词的关系具体说明的意思的**语词**。我们会不断受到诱惑，即将感觉材料标示当作好像它们是**理论**中的语句，将感觉材料谈论当作一种通过把感觉材料语句和日常感知谈论的语句协调起来而得其使用的**语言**，正如分子谈论通过把分子量的语句和其器壁气压的谈论协调起来而得其使用。毕竟，

x 之于 S 看上去是红的 •≡• 有一类属于 x 的红的感觉材料被 S 感觉到

与

g 施压于 w •≡• 有一类组成 g 的分子正在弹开 w

至少表面相似，我们一旦承认前者不是用感觉材料来**分析** x 之于 S 看上去是红的，这相似就明显多了。

因此，有理由相信，就是这个事实——即代码和理论都是由协调它

---

* 原文这一节编码为 9，上一节编码也是 9，这里不作改动，下文第 16 节亦是如此。——译者注

们的语言控制的人工系统——支持了这个想法：感觉材料谈论是日常感知话语的"另一种语言"。不过，虽然，在一种重要的意义上，观察语言语句之间的逻辑关系控制理论语言语句之间的逻辑关系，尽管如此，在这个控制的框架之内，理论语言具有一种**自主性**，这与代码的真正想法相矛盾。如果忽视理论与代码之间的这个根本差别，我们可能会忍不住试着兼得两者。在认为感觉材料谈论**只是**另一种语言时，我们利用代码没有剩余价值这个事实。在认为感觉材料谈论**阐明**"显象为的语言"(language of appearing)时，我们利用理论语言(尽管是**人工的**，而且依靠与观察语言相协调才有意指)有解释功能这个事实。遗憾的是，这两个特征相矛盾；因为，就是因为理论有"剩余价值"它们才能作出解释。 31

像(例如)艾耶尔一样认为实存感觉材料衍推实存"直接知识"的人肯定都不想说感觉**材料**是理论实体。这根本不会是一个理论事实：我直接认识到某一感觉**内容**是红的。另一方面，感觉**内容**是理论实体这个想法并非**明显**是荒谬的——荒谬到不能对"另一种语言"途径的合理性作出上述解释。因为，连用语境"……直接被认识到是……"引入"感觉内容"这个表达式的人，在运用这个表达式时——例如，在阐述物理对象和人都是感觉内容的模式时——也可能忘记这个事实。在这样一个具体语境中，有可能会忘记这样引入的感觉**内容**其实是感觉**材料**，不只是例示感觉性质的项。的确，我们甚至可能会认为**感觉到**感觉内容(即感觉**材料**的所予)是**非认识的**事实。

我想可以说，给感觉材料作出"另一种语言"解释的人，发现它的启示主要在于这个事实：用感觉材料的语言来讲，物理对象是感觉内容的模式，因而，从这个框架来看，认识之中的心灵与物理世界之间不存在"铁幕"。他们的哲学才华大都用于阐明物理对象陈述到感觉内容陈述的合理(尽管是简要的)翻译，而非用于讲明"感觉内容 s 被直接认到是红的"这种语句的效力。

不管怎样，有一点可以肯定。**如果**感觉材料的语言只**是**代码，即标 32

写手段，那么，它可能提供的任何哲学阐明的现金价值都一定在于，它能**在**日常话语**内**阐明物理对象和我们之于它们的感知的逻辑关系。比如，可以给日常感知谈论建构一种代码，"谈及"在"心灵"与"物"的组成部分（"感觉材料"）之间的"同一关系"，这个事实（若它是一个事实的话）的现金价值很可能是这个洞见：关于物理对象和感知者的日常话语（大体）可以用具有"那看上去有一个具有红的三角形的向面表面的物理对象"这个形式的语句（即代码的基本表达式在日常语言中的对应）来建构。用更传统的语言来讲，此阐明在于表明人和物都是源于**看上去**(lookings)或**显象为**(appearings)（**不是显象！**）的逻辑建构。不过，任何这个意思的断言不久会遇到难以克服的困难，我们一旦理解"看上去"或"显象为"的角色，这些困难就暴露无遗。我现在转向考察这个角色。

III.
"看上去"的逻辑

10. 感觉材料的语言是描述由所谓的"显象为的语言"描述的情境的"另一种语言",我在转向考察此建议之前就已断定,进一步展开经典感觉材料论表明它们是两个想法错搭的结果:(1)这个想法,即存在某些"内在片断",例如,关于一个红的三角形或关于C♯声音的感觉,没有任何在先的学习或概念生成过程它们也能发生在人类和野兽身上,而且,没有它们——在**某种**意义上——就不可能**看到**(例如)一个物理对象的向面表面是红的和三角形的,或者**听到**某一物理声音是C♯;(2)这个想法,即存在某些"内在片断",它们是非推论地认识到(例如)某一项是红的和三角形的或者(就声音而言)是C♯,这些内在片断为所有其他经验命题提供证据,是经验知识的必要条件。如果这个诊断正确,那么下一个合理步骤就是考察这两个想法,确定每个中经得起批判的怎么相互恰当结合。显然,我们得理解**内在片断**的想法,因为这是两者共有的。

很多批评所予想法的人似乎认为其中的核心错误就是认为存在内在片断,不管是思想还是所谓的"直接经验",我们每个人都特权享有它们。我将论证其实并非如此,不借助当前经验主义更独断的种种形式所具有的种种粗糙的证实主义或操作主义也能消除所予神话。再者,有一些哲学家,他们不拒绝内在片断的想法,却认为所予神话在于这个想法:关于这些片断的知识提供**前提**,经验知识像依靠一个基础一样依靠它们。不过,虽然这个想法的确是神话最普遍的形式,但远非其根本。根本在于**为什么**这些哲学家拒绝它。如果(例如)理由是学习一种语言是一个**公共**过程,该过程在**公共**对象的领域内进行,受公共许可的支配,以致私人片断——除了诡异地向其点点头之外——非要逃脱理性话语的网络不可,那么,虽然这些哲学家没有受到发展成为感觉材料论的神话形式的影响,他们却没有防备这个形式的神话:**物理对象 x 在 t 时间之于 S 这个人看上去是红的**或**那边在 t 时间之于 S 这个人看上去有一个红的物理对象**这样的事实的所予。在提出一些更一般的问题之前,暂时从这个方向追究神话是有益的。

11. 哲学家们发现,很容易假定像"这个番茄之于琼斯看上去是红的"这样一个语句表达在一个物理对象、一个人与一个性质之间存在某个三元关系,即**看上去是**或**显象为***。"a 之于 S 看上去是 Φ"被同化为"x 给予 z 以 y"——或者,更准确地讲(因为,严格地讲,给予是行动而非关系)——被同化为"x 在 y 与 z 之间",而且被当作一般形式"R(x, y, z)"的一个实例。作此假定之后,他们毫不犹豫地转向这个问题:"这个关系可以分析吗?"感觉材料论者们总体的回答是"可以",而且断言具有 **x 之于 X 看上去是红的**这个形式的事实要用感觉材料来分析。其中的一些人(未必拒绝这个断言)认为这种事实最起码要用感觉材料来**解释**。比如,布罗德(4)在写"事实上,如果没有椭圆的东西在我的心灵面前,那么很难理解为什么这枚便士会看起来是**椭圆的**,而不是别的什么形状(第 240 页)"时,他是在用感觉材料来**解释**这个形式的事实。当然,差别在于,若 x 之于 S 看上去是 Φ 用感觉材料正确**分析**,则没有人可以相信 x 之于 S 看上去是 Φ 而不相信 S 得到感觉材料,而若 **x 之于 S 看上去是 Φ** 用感觉材料解释,就未必如此,因为,至少就某些类型的解释而言,我们可以相信一个事实而不相信它的解释。

另一方面,拒绝感觉材料论而支持所谓的显象为的理论的哲学家通常认为,具有 **x 之于 S 看上去是 Φ** 这个形式的事实是最终不可还原的,认为它们的分析和它们的解释都不需要感觉材料。若问"难道陈述'x

---

* 在(9)和(13)会找到对这种看法的有益讨论。

之于 S 看上去是红的'的部分意思不是认为 S 与某个**是**红的的东西有某种关系吗？"他们的回答是否定的，我也相信就是如此。

12. 我将从这个简单但基础的观点，即物看上去是红的意义上的"红的"表面上看与物**是**红的意义上的"红的"相同，开始我对"x 在 t 时之于 S 看上去是红的"的考察。当我们瞥见一个对象，断定它（**现在从这之于我**）看上去是红的，考虑它是否真**是**红的，我们肯定是在考虑它看上去具有的颜色——红——是不是它真实具有的颜色。这一点会被这样的言语手法遮蔽：用给语词"看上去"和"红的"加连字符，断言这个关系是不可分解的整体"看上去是红的(looks-red)"，不只是"看上去"。这个伎俩若是基于什么洞见，那就是洞见这个事实：**看上去**不是在一个人、一个物与一个性质之间的一种关系。遗憾的是，我们会看到，这个事实的理由根本不支持这个想法：这个关系是**看上去是红的**，而非**看上去**。

事实上，我一直在断言，较之于**看上去是红的**，**是**红的逻辑在先，是一个逻辑上更简单的观念；函项"x 是红的"逻辑先于"x 之于 y 看上去是红的"。总之，不能说 x 是红的可以用 x 之于 y 看上去是红的来分析。不过，我们接下来要怎样看必然真理——它肯定是一个必然真理——

x 是红的 •≡• x 在标准条件下之于标准观察者**看上去**是红的？

这想法肯定有些道理：这至少是用**看上去**来定义**物理的红**的图式。我们开始看到**看上去是红的**是不可分解的整体这个妙招貌似合理，因为，我们一旦给予（右手边的）"红的"一个独立身份，它就变成其明显所是，即作为物理对象的谓词的"红的"，而所谓的定义就变成一个明显的循环。

13. 走出这个困境有两步。第二个步骤是表明"x 是红的"怎么会必然等值"x 在标准条件下之于标准观察者**看上去**是红的"，却不是在用"x 看上去是红的"来定义"x 是红的"。不过，**第一个**（逻辑在先的）步骤是表明"x 之于 S 看上去是红的"既不断言在 x、红与 S 之间存在一种不可分析的三元关系,亦不断言在 x 与 S 之间存在一种不可分析的二元关系。不过,并非因为它断言一种**可分析的**关系存在,而是因为**看上去**根本不是一种关系。或者,用一种常见方式来讲,如果一个人愿意的话,他可以说**看上去**是一种关系,因为,这个语词出现在其中的语句与围绕我们会毫不犹豫地归之为关系语词的语词构造的语句有一些语法相似;不过,一个人一旦意识到某些使它们与一般关系语句大相径庭的其他特征,他就不太会认为他的任务是为问题"看上去是一种关系吗?"**找到答案**。

14. 为了揭示"看上去"的使用的根本特征,我将虚构一篇简短的历史小说。一个青年,我叫他约翰,在一家领带商店工作。他已学会颜色语词的日常使用,除了这一点:我假定他从未在非标准条件下看过一个对象。每晚商店打烊之前他清点他的存货,他会说"这是红的""这是绿的""这是紫的"等,恰巧他在场的语伴们也点头赞同。

现在,我们来假定,故事到这里,电灯发明了。他的朋友们和邻居们很快采用了这种新的照明方式,并全力解决它引起的问题。而约翰是最后一个屈从的人。就在他的商店刚刚装上电灯之后,他的一位邻居吉姆进来买一条领带。

"这有一条帅气的绿领带。"约翰说。

"可它**不是**绿的。"吉姆说着把约翰带到外面。

"啊,"约翰说,"它在那还是绿的,现在它是蓝的了。"

"不,"吉姆说,"你知道的,领带不会只因为从一个地方拿到另一个地方就改变其颜色。"

"不过,也许电改变了它们的颜色,它们在日光下又变回来了?"

"那是一种奇特的改变,不是吗?"吉姆说。

"我也这么想,"不知所措的约翰说,"不过,我们**看到**它**在那**是绿的。"

"不,我们没有看到它在那是绿的,因为它不是绿的,你不可能看到其所不是！"

"好吧，这真是一个困境，"约翰说，"我真不知道该说什么了。"

当约翰下一次拿起他商店里的这条领带，有人问它是什么颜色，他的第一冲动还是想说"它是绿的"。他抑制这一冲动，记起之前发生的事情，说"它是蓝的"。他没有**看到**它是蓝的，他也不会说他看到它是蓝的。他看到了什么？我们来问问他。

"我不知道该说**什么**。如果之前我不知道这条领带是蓝的——不承认它是蓝的也的确很怪——我会发誓我看到一条绿领带，而且看到它是绿的。我**好像**看到这条领带是绿的。"

如果我们记住，"这是绿的"这种语句既有**陈述事实**的使用亦有**报告**的使用，那么我们就能这样表达我刚刚一直在阐明的观点：约翰一旦学会在商店看领带时抑制"这条领带是绿的"这个报告，他就没有别的关于颜色和这条领带的**报告**会作了。诚然，他现在说："这条领带是蓝的。"不过，他不是在用这语句来作**报告**。他将其用作一个推论的结论。

15. 过了一段时间，我们再回这家商店，我们发现，当约翰被问及"这条领带是什么颜色？"时，他作出"它看上去是绿的，不过，把它拿到外面看一看"这种陈述。我们突然想到，也许学会在商店里说"这条领带**看上去是绿的**"时，他学会了作一种新的报告。因而，看起来他的语伴们好像帮助他意识到一种新的**对象**事实，尽管这是涉及一位感知者的关系事实，却和这条领带是蓝的这个事实一样逻辑独立于信念——即这位感知者的概念框架——却是一个**最小**事实，它的报告更可靠，因为我们不太可能会弄错。这样一个最小事实就是这条领带在某一场合之于约翰看上去是绿的这个事实，使用语句"这条领带**看上去是绿的**"来恰当报告。我已拒绝的肯定就是这种描述。

不过，还有别的选择吗？就是说，如果我们不采纳感觉材料的分析。我先来指出，这一想法看起来肯定有些道理：语句"这一个现在之于我看上去是绿的"有一个报告角色。的确它看起来根本就是一个报告。不过,要是这样的话,若它报告的不是一个最小对象事实,若它报告的不用感觉材料来分析,它报告了**什么**呢?

16. 我来接着指出这个事实:关于有某物在某一时间之于某人看上去是绿的的经验(就它是一个经验而言)与关于看到某物是绿的的经验(就后者是一个经验而言)显然十分相像。不过,后者肯定不**只**是一个经验。这是关键。因为,说某一经验是**看到**某物是这样不只是描述该经验。可以说,这是将其描述为作出一个断言(assertion 或 claim),而且——这是我想强调的——**认可**那一断言。我们会看到,事实上,看到陈述"琼斯看到这棵树是绿的"归属给琼斯的经验一个命题断言而且认可了它,较之于具体说明这个陈述怎么**描述**琼斯的经验,要容易得多。

我意识到,说经验含有命题断言,我可能看起来是在缘木求鱼。不过,我请读者耐心一些,因为证成这种谈论方式是我的一个主要目的。如果我得到许可来发行这种语言货币,那么我希望在这论证得出结论之前将其置于金本位。

16*. 显然,看到某物是绿的这个经验**不只**有命题断言"这是绿的"发生——即使我们补充说(我们必须这样做)这个断言可以说是感知对象从感知者唤起或拧出的,也还不够。这里,自然(Nature)——倒置康德的明喻(他在别的语境使用它)——提问我们。在此之外的显然是哲学家们在他们提及"视觉印象"或"直接视觉经验"时所考虑的。这些"印象"或"直接经验"的逻辑身份究竟是什么,在余下的论证中我们会一直带着这一问题。我们现在关心的是命题断言。

我在前文指出,当我们像在"S 看到这棵树是绿的"中那样使用语词"看到"时,我们不但是在归属给该经验一个断言,而且是在认可它。当赖尔将**看到**某物是这样称为一项**成就**,将"看到"称为一个**成就语词**,赖

---

* 原文这一节编码是 16,上一节编码也是 16,这里不作改动,上文第 9 节亦是如此。——译者注

尔考虑的就是这个认可。我更喜欢称之为"就是这样"（so it is 或 just so）的语词，因为其根本想法关于**真**。将 S 的经验描述为**看到**，在一种相对宽泛的意义上（我会将其阐明），就是将关于真的语义概念用于那个经验。

现在我想提出的建议是，简言之，陈述"x 之于琼斯看上去是绿的"与"琼斯看到 x 是绿的"不同，因为，后者既归属给琼斯的经验一个命题**断言亦认可了它**，而前者归属了该断言却没认可它。这是两者的根本不同，因为，显然两个经验**作为经验**可能等同，不过，一个被恰当地称为**看到某物是绿的**，另一个只被称为某物**看上去是绿的**的一个实例。当然，如果我说"x 之于 S **只不过看上去**是红的"，那么，我不但不是在认可该断言，我还在拒绝它。

比如，当我说"x 现在之于我看上去是绿的"，我是在**报告**这个事实：我的经验，**作为一个经验**，与看到 x 是绿的的真实经验可以说无法内在区分。在这报告中，断言"x 是绿的"归属给我的经验；我作报告这个事实，而非"x 是绿的"这个简单报告，表明某些考虑可以说是在上一级法庭提出了"认可还是不认可"的问题。我可能有理由认为 x 可能根本不是绿的。

如果我有一次作出报告"x 看上去是绿的"——它不但是一个报告，而且没有给予认可——那么，当原来没有给予认可的理由被驳回，我可能之后会认可原来的断言，说"我看到它是绿的，不过我当时只确定它看上去是绿的"。注意，当"认可还是不认可"的问题出现，我只会说"我看到 x 是绿的"（而非"x 是绿的"）。可以说，"我看到 x 是绿的"与"x 看上去是绿的"和"x 只不过**看上去是绿的**"属于同一层级。

17. 关于"看上去的谈论"（looks talk）的逻辑论证，有很多有趣精妙的问题我们没有篇幅展开。幸运的是，前文的区分就我们现在的目的而言足够了。我们接着来假定，说"x 在 t 时之于 S 看上去是绿的"其实是说 S 得到那种经验：如果我们愿意认可它含有的命题断言，那么我们会将其描述为**在 t 时看到 x 是绿的**。因而,当我们的朋友约翰学会使用语句"这条领带之于我看上去是绿的"时,他学会一种方式来报告这种经验:就我迄今许可他学会的一些范畴而言,他只能对其描述说,它作为一个经验与看到某物是绿的没有什么不同,命题"这条领带是绿的"的证据事实上就是命题相关的经验是**看到这条领带是绿的**的证据。

现在,此描述的主要优点之一在于,它可以同样探讨"性质的"与"实存的"看起来(seeming)或看上去。比如,当我说"这棵树看上去是弯的",我是在认可我经验中的断言有关这棵树的实存的那一部分,但没有认可其余部分。另一方面,当我说"那边看上去有一棵弯树",我只是在认可该断言最一般的部分,即存在一个"那边"而非"这边"。此描述的另一优点在于,它解释了一条领带怎么会(例如)在 t 时之于 S 看上去是红的,而非看上去是猩红的或深红的或其他确定色度的红。总之,它解释了物怎么会有一个**只是属的**看上去(merely generic look),如果看上去是红的是关于对象的一个**自然**事实而非**认识**事实,那么这的确会令人困惑。解释的核心肯定是,这样一个经验中的命题断言可能是(例如)"这是红的"这个可进一步确定的断言,也可能是"这是深红的"这个更确定的断言。完整的论述更复杂,需要对"印象"或"直接经验"——其逻辑身份还未确定——在这些经验中的角色作出某种描述。不过,即使没有这些额外的细节,我们也能指出这两个事实的相似之处:这一事实,即 x 之于 S 看上去不具有某一具体色度的红,x 也能之于 S 看上去是红的,以及这一事实,即 S 相信克利奥帕特拉方尖碑不具有某一确定数值英尺的高度,S 也能相信它很高。

18. 不过,我此时想强调的是,关于**看上去是绿的**的概念,即辨识某物**看上去是绿的**的能力,预设关于**是绿的**的概念,而且,后一概念需要靠看来辨认对象具有什么颜色的能力——这又需要认识到,如果我们想靠看来确认一个对象的颜色,要将其置于什么环境。我来展开这后一点。随着我们的朋友约翰越来越熟悉自己和别人的视觉经验,他学会在什么条件下一个人好像看到一条领带具有一种颜色,而它事实上具有另一种。假定有人问他"为什么这条领带之于我看上去是绿的?"约翰极有可能回答说:"因为它是蓝的,蓝的对象在这种光下看上去是绿的。"如果有人在普通日光下看这条领带时问这个问题,那么约翰极有可能回答说"因为这条领带**是**绿的"——他可能补充说:"我们在普通日光下,**物在日光下看上去是其所是**。"我们由此看到,

x 是红的 • ≡ • s 在标准条件下之于标准观察者看上去是红的

是一个必然真理,**不是**因为右手边是"x 是红的"的定义,而是因为"标准条件"意指物看上去是其所是的条件。**哪些**条件之于特定感知是标准的,这在常识层级肯定是用一系列展现出日常话语的模糊性和开放性的条件来具体说明的。

19. 我现已到达我的论证的一个阶段,至少乍一看,该阶段不符合逻辑原子主义的基本预设。比如,只要**看上去是绿的**被当作**是绿的**可还原为的观念,就可以非常合理地断言,关乎可观察事实的基础概念具有经验主义传统的那种相互逻辑独立性。的确,乍一看,情况**十分**令人不安,因为,如果能辨识 x 看上去是绿的预设关于**是绿的**的概念,如果这又需要认识到在什么环境中看它来确认一个对象的颜色,那么,因为我们不觉察到某些对象具有某些可感知特征——包括颜色——就根本不能确定是什么环境,所以,看起来我们不可能生成关于**是绿的**的概念和(以此类推)关于其他颜色的概念,除非我们已经得到它们。

现在,不能回答说,要得到关于绿的概念,即要认识到某物是绿的是怎么一回事,我们**实际**在标准条件下用语音"这是绿的"回应绿的对象就足够了。不但条件必须是适合靠看来确定一个对象颜色的一类,而且主体必须**认识到**这类条件**是**适合的。虽然这不蕴涵我们必须在我们得到种种概念之前就得到它们,但是确实蕴涵我们只有得到其中包括关于绿的概念的一整套概念才能得到关于绿的概念。这蕴涵,虽然习得绿这个

概念的过程可能——的确是——包含**逐渐**养成在各种环境中回应各种对象的习惯的漫长历史,不过,在一种重要的意义上,我们得**不**到关乎时空物理对象的可观察属性的概念,除非我们得到它们全部——和(我们会看到)大量别的概念。

20. 现在,逻辑原子主义者(假定他在前文的论证中找到了点价值)会怎么说,我想很清楚了。他会说我忽视了这个事实,即时空物理对象的逻辑空间基于感觉内容的逻辑空间,他还会说,关乎感觉内容的概念才具有传统经验主义的相互逻辑独立性。他会指出,"毕竟,关乎理论实体的概念——例如,分子——具有你(可能正确地)归属给关乎**物理**事实的概念的相互依赖性"。他接着会说,"理论概念有经验内容,因为它们基于一个更基础的逻辑空间——它们与之相协调。因此,除非你清除这个想法,即存在一个比时空物理对象的逻辑空间更基础的逻辑空间,或者表明它也完全融贯,否则你的初期《黑格尔式沉思》就为时过早"。

我们可以想象感觉材料论者突然抱怨说:"你已经开始写得好像你不但已经表明,**物理的红**不会用**看上去是红的**来分析——这我承认——而且表明,物理的红根本不会被分析,特别是不会用红的感觉内容的红来分析。此外,你已经开始写得好像你不但已经表明,观察到 x **看上去是红的**不比观察到 x **是红的**更基本,而且表明,**没有哪种视觉觉察比看到 x 是红的更基本**,比如感觉到一个红的感觉内容。"他接着说:"我承认,感觉材料论者们往往断言物理对象的**红**要用**看上去是红的**来分析,**然后断言看上去是红的**本身会用**红的感觉内容**来分析,你可能已经破坏这条分析路线。但是,什么会阻止感觉材料论者采取这条路线:物理对象的属性可**直接**分析为感觉内容的性质和现象关系?"

很好。不过,我们得再问,感觉材料论者是怎么得出感觉内容框架的?他会怎么使我们相信存在这种东西?因为,即使**看上去是红的**不用于分析物理的红,他也希望通过请我们反思这个经验,即有某物之于我们看上去是红的,来使这个框架令人信服。因此,有必要指出,我对 x 在

t 时之于 S **看上去是红的**的分析,至少将其推进至此,没有表明任何感觉内容之类的东西。可能也有必要提议,我们一旦清楚看到,物理的红不会用**看上去是红的**来作倾向分析,那么,这个想法,即它会被作**某**种倾向分析,就大大失去其合理性。不管怎样,下一步必须进一步展开前文对性质和实存的看上去的描述。

IV.
解释看上去

21. 我已指出,"一个物理对象怎么会之于 S 看上去是红的,若非那一情境中的某项**是**红的而且 S 在考虑它?如果 S 不在经验红的某项,那么该物理对象怎么会看上去是**红的**而非绿的或杂色的?"这一问题给感觉材料论者们以深刻印象。我打算证明这条思路有**一些**道理,尽管论述会很复杂。如果我在论述过程中得出与感觉材料论者们说过的**一些**东西相似的陈述,那么,只有在将"感觉材料论"这个短语的传统认识论效力(连"另一种语言"这种非正统的感觉材料论也有之)全部剥夺的意义上,这一论述才会相当于感觉材料论。

我首先来表述问题:"一个对象之于 S 看上去是红的和三角形的,或者,那边之于 S 看上去有一个红的三角形对象,这个事实要用琼斯得到一个关于一个红的三角形的感觉——或印象,或直接经验——这个想法来解释吗?"有一点可以立即阐明,即若这样理解这些话,比如,关于一个红的三角形的直接经验蕴涵实存某项——不是一个物理对象——**是**红的和三角形的,若这一项具有的红与该物理对象**看上去**具有的红一样,则此提议就面临异议:若物理对象**看上去**具有的红与物理对象实际**确实**具有的红一样,则据此不是物理对象且与物理对象全然不同(连范畴也不同)的项会和物理对象具有一样的红。虽然也许这并非完全不可能,但确实发人深省。不过,在断言除非我们经验到**是**红的的某项,否则物理对象"显然"不会之于我们**看上去是**红的时,就没有假定这**某项**具有的红就是物理对象**看上去**具有的红吗?

现在,有些人会说,根本没有产生"一个对象之于 S 看上去是红的和三角形的这个事实会用 S 得到一个关于一个红的三角形的印象这个想法来解释——而非标写重述?"这一问题，因为有种种对于性质和实存的看上去的完全合理的解释，它们没有提到"直接经验"或其他可疑实体。比如，指出对问题"为什么这个对象看上去是红的?"完全可以回答说"因为它是一个在这种环境中来看的橘黄的对象"。该解释基本合理，是我们在日常生活中通常对这种问题的回答。不过，绝不能因为这些解释是好的，就推出其他种类的解释可能不会是同样好的或更深入的。

22. 表面上看，至少有两种方式**可能会给予 x 看上去是红的**这种事实以其他的却同样合法的解释。其中第一种通过一个简单的类比提出。会不会是这样，正如对气球膨胀这个事实有两种好的解释：(a)用将气体的体积、压力和温度这些经验概念联系起来的波义耳-查尔斯定律，和(b)用气体动力学理论；也有两种方式来解释这个对象之于 S 看上去是红的这个事实：(a)用将对象的颜色、看到它们的环境和它们看上去具有的颜色联系起来的经验概括，和(b)用一个感知理论，"直接经验"在其中扮演的角色类似分子在动力学理论中扮演的角色。

现在，这个想法看起来有些矛盾："直接经验"只是理论实体——它们被假定来和它们相关的某些基本原则一起解释感觉感知的齐一性(uniformities)，就像分子，它们被假定来和分子运动的原理一起解释气体的实验确定的规则性(regularities)——我先将其搁置，直到一个更有利的思考语境会使其看起来相关。认为性质和实存的看上去会用"直接经验"来解释的人，肯定认为后者是实体中最非理论的，确切地讲，是最佳可观察项。

我们由此来转向第二种方式，对于实存和性质的看上去(至少乍一看)可能会有一个其他的却同样合法的解释。根据这第二种解释，在我们考虑这种项时，我们**发现**它们的组成部分是被恰当地称为(例如)"关于一个红的三角形的直接经验"的项。我们再看一看我们之于实存和性质的看上去的描述来开始探讨这个建议。记得，我们对性质的看上去的描述（简略地讲）如下：

> "x之于S看上去是红的"具有意义"S得到一个经验，其以独一的方式含有 **x 是红的** 这个观念，而且以这样一个方式含有它，即如果这个观念为真，那么此经验就被正确描述为看到 x 是红的"。

因而，我们的描述蕴涵

(a) 看到那边 x 是红的

(b) 那边 x 之于某人看上去是红的

(c) 那边之于某人看上去好像有一个红的对象

这三个情境的主要区别在于，这样表述(a)就含有对那边 x 是红的这个观念的认可，而在(b)中这个观念只得到部分认可，在(c)中完全没有得到认可。我们来把**那边 x 是红的**这个观念称为这三个情境的**共同命题内容**。[这肯定不完全正确，因为(c)的命题内容是**实存的**，而非关于预设的指涉对象 x 的，不过这会满足我们的目的。而且，这三个经验的共同命题内容比我们用于向他人描述我们经验的语句——我在用它来表示我们的经验——表明的要复杂确定得多。尽管如此，根据其中第一个限定条件，这三个经验的命题内容显然**可以是同一的**。]

这三个经验的命题内容肯定只是我们通过把它们描述为这三种情境而作出的逻辑承诺的一部分。我们已经看到，剩余之中有一部分是这个命题内容得到认可的范围问题。我们现在关心的是余留。我们来将这余留称为**描述内容**。然后我就能指出，我的描述蕴涵这三个经验的**命题内容**和**描述内容**都可能是同一的。我将假定情况就是这样，尽管在**全部情境中显然一定有些事实差别**。

现在(这是关键)在将这三个经验分别描述为看到那边 x 是红的、**那边 x 之于某人看上去好像是红的和那边之于某人看上去好像有一个红的对象**时，我们没有说明这共同的**描述内容**，只是(**间接地**)暗示，如果共同命题内容为真，那么所有这三个情境都是看到那边 x 是红的的实例。实存和性质的看上去都是这种经验：如果它们的命题内容为真，那么它们就是**看到**(seeings)。

因而，"看上去的谈论"的真正本质这样提出它没有回答的问题：这三个经验共同描述内容的**内在**特征是什么？不考虑在(a)中感知者必定面对那边的一个红的对象，在(b)中那边的对象未必是红的，而在(c)中那边根本未必有对象，它们怎么能有共同描述内容？

23. 现在，显然，如果要我们更直接地描述这些经验的共同描述内容，那么我们会首先尝试用**红**这个性质。不过，我已经指出，除非我们能松动词项"红的"与物理对象范畴之间的表面联系，否则我们根本不能说这个描述内容本身是某个红的什么。有一条思路，它已成为感知认识论的一个通用妙招，看起来就许诺这一点。如果它成功的话，就会使我们相信**红**(在其最基本的意义上)是我们一直称为感觉内容的一个特征。它如下所述：

> 说我们没有看到椅子、桌子等，而只看到它们的向面表面，的确是一个愚蠢可笑的错误，不过，虽然我们看到(比如)一张桌子，虽然桌子有前面和背面，但在我们看到桌子的前面时我们没有看到它的背面。再者，虽然我们看到这张桌子，虽然这张桌子有一个"里面"，但在我们看到这张桌子的向面外面时我们没有看到它的里面。看到一个对象衍推看到它的向面表面。我们看到一个对象是红的，这衍推看到它的向面表面是红的。一个红的表面是一个二维的红的面域(expanse)——尽管它可能是**鼓起的**，在**这种**意义上是三维的，不过，它没有**厚度**，因而是二维的。就感知意识的分析而言，一个红的物理对象的表面是一个红的面域。
>
> 现在，一个红的面域不是一个物理对象，实存一个红的面域也不衍推实存一个它所属的物理对象。(的确有不属于任何物理对象

的"自生"面域。)前面(a)、(b)和(c)三个经验共有的(你所说的)"描述内容"就是这种东西,即一个鼓起的红的面域。

这样直截了当地讲明之后,谬论就(或应该)显而易见;它就是对"有一个红的表面"这个短语的含糊其辞。我们首先想到这个常见事实:一个物理对象可能"表面"是一种颜色,"里面"是另一种颜色。我们可能会这样表达(例如):此对象的"表面"是红的,它的"里面"却是绿的。不过,在这样说时,我们**不是**在说存在一个在鼓起的二维殊相意义上的"表面",即一个红的"面域"——它是构成一个复杂殊相(它还包含绿的殊相)的殊相。关于二维鼓起的(或平展的)殊相的观念是哲学(和数学)精深之后的产物,可以**联系**我们的日常概念框架,但不是对它的**分析**。我认为,它在它的位置会发挥重要作用。(参见下文第61节(5),第113—115页。)不过,这个位置是在一幅关于世界的理想**科学**图画的逻辑空间中,不是在日常话语的逻辑空间中。它与我们日常颜色语词的逻辑语法无关。这样假定就错了:在现实使用语词"红的"时,始终是在二维殊相意义上的表面是红的。当一个物理对象"外面是红的,里面却是绿的",相关的殊相只是物理对象本身在某一空间区域持续了一段时间。红这个属性的基本语法是**物理对象 x 在 p 位置和 t 时间是红的**。当我们说一个对象是红的,我们肯定只承诺它"在表面"是红的。有时,它在表面是红的,是因为有一个我们会毫不犹豫地称为的"部分"完全是红的——比如,一张红桌子因为一层红油漆是红的。不过,红油漆本身不是因为一个组成部分——一个"表面"或"面域",一个没有厚度的殊相——是红的才是红的。我再说一次,在总的哲学图画中,这个陈述可能会有某个位置:"真的存在"这种殊相,它们是感知经验的要素。不过,这个位置不是通过分析日常感知话语发现的,正如闵可夫斯基的四维时空蠕虫不是通过**分析**我们的时空物理对象话语的意思发现的。

V.
印象与观念：一个逻辑的观点

24. 我再兜兜圈子。注意，我在考虑的这三个经验的共同描述部分本身常被(至少被哲学家们)称为**经验**(experience)——称为(例如)**直接经验**。这里一定要小心。一定要记住"经验"声名狼藉的"动作-对象(ing-ed)"歧义。因为，尽管**看到那边 x 是红的**是一个**经验动作**(experiencing)——确切地讲，是经验动作的范例——却不能由此推出这个经验动作的描述内容本身是经验动作。再者，因为若**那边 x 之于琼斯看上去是红的**这个事实的命题内容为真，它就是琼斯**看到那边 x 是红的**，因为若它**是**看到，它**就是**经验动作，所以，我们必须提防断定**那边 x 之于琼斯看上去是红的**这个事实本身是**经验动作**。某物之于我看上去是红的这个事实本身肯定可以是**经验对象**(experienced)。它本身却不是经验动作。

这并不是说，共同描述核心不可能是经验**动作**，尽管这种可能性会随着我的论证显得越来越小。另一方面，我可以说它是作为经验**对象**的事态的一个组成部分，也可以说它本身是经验**对象**。不过，它**是**哪种(经验**对象**意义上的)经验？如果到目前为止我的论证是合理的，那么我不能说它是一个**红的**经验，即一个红的经验对象。我当然可以引入"红的"的一种新使用，据此，说一个"直接经验"是红的，就是规定这样描述它：它是**看到**某物是红的和相应的性质与实存的**看上去**的共同描述部分。虽然这会给我们提供一个**谓词**来描述和报告此经验，不过，较之于我们只能将这种经验称为**这样一种**，即可以是**看到**和性质与实存的**看上去**的共同描述部分，我们肯定只在言语上有所改善。

55 这表明，我们的追求可以说是我们想给这种经验一个**名称**，它真的是一个**名称**，不只是一个限定摹状词的简写。日常用法有这种经验的**名称**吗？

我稍后再谈这个问题。在此期间，为理解**关于红的三角形的感觉**这种东西的身份扫清传统障碍是非常重要的。比如，假定我说，我在考察的经验不是一个红的经验（a red experience），它是一个**关于红的经验**（an experience of red）。我可以预料紧随其后的质疑："'关于一个红的三角形的感觉'是不是比'红的三角形经验'好一些？难道实存关于一个红的三角形的感觉不衍推实存一个红的三角形项，从而（**还是根据红是物理对象的属性这一假定**）实存一个红的三角形物理对象吗？难道你不是得因此放弃这个假定，回到你一直拒绝回到的感觉内容框架吗？"

走出这一两难的一条出路是将"琼斯得到一个关于一个红的三角形的感觉"和"琼斯相信神圣女猎手存在"同化。因为，后者的真肯定不衍推实存神圣女猎手。现在，我想大部分当代哲学家都很清楚，不将语境"关于……的感觉"和语境"相信……存在"作进一步同化，也可能归派给语境

关于……的感觉

这个**逻辑**属性："存在一个关于红的三角形的感觉"不衍推"存在一个红的三角形"。因为，虽然心理主义动词（当它们不是"成就"语词或"认可"语词时）通常提供非外延语境，不过并非所有非外延语境都是心理主义的。比如，就这个纯粹的**逻辑**观点而言，"琼斯得到一个关于一个红的三

56 角形的感觉"没有理由该与"琼斯相信神圣女猎手存在"同化，而不与"月球可能是绿奶酪做的"或者逻辑学家熟悉的其他非外延语境同化。它的确没有理由该和其中任何一个同化。"关于……的感觉"或"关于……的印象"可能是这样的语境：尽管它们与这些其他语境都具有非外延的逻辑属性，却自成一类。

25. 毫无疑问的只是"关于……的感觉"和"关于……的印象"两个语境**在历史上**曾与"相信……""欲望……""甘愿……"之类的心理主义语境同化,总之,曾与要么本身就是"命题态度"要么在其分析中含有命题态度的语境同化。这个同化的形式是将感觉归类于**观念**或**思想**。比如,笛卡尔使用语词"思想"既涵盖**判断**、**推论**、**欲望**、**意愿**和**关于抽象性质的**(当下)**观念**,亦涵盖**感觉**、**感受**和**意象**。洛克本着同样的精神在相似的范围使用词项"观念"。这套源于共相之争的概念论设备被给予相应的广泛应用。正如当我们想到对象和情境或判断它们存在,就说它们在我们的**思想**中得到"对象存在"——相对于它们在世界中得到"主体存在"或"形式存在"——同样,当我们得到关于一个红的三角形的感觉,就认为这个红的三角形在我们的感觉中得到"对象存在"。

我在对这个之于感觉的概念论解释稍作阐明时,把在一个**思想**或**观念**中得到"对象存在"的称为其**内容**或**内在对象**。然后我就可以说,洛克和笛卡尔都认为,当下**抽象观念**与**感觉**之间的基本差别在于后者内容的具体性和(特别是)复杂性。(确切地讲,笛卡尔和洛克都将观念中的简单复杂差异和属种差异同化。)笛卡尔认为感觉是关于其外部原因的含混思想;斯宾诺莎认为感觉和意象是关于身体状态的含混思想,同时还是关于这些身体状态的外部原因的更含混思想。有趣的是,笛卡尔和洛克(洛克是不自觉地)将抽象实体只有意向存在(它们的存在即被觉知)这个概念论论点扩大到涵盖颜色、声音等"只在心灵中"存在(它们的存在即被感知)这个论点,贝克莱将其扩大到涵盖所有可感知性质。

现在,我想我们今天都会同意,感觉与思想同化是错误的。指出这一点就够了:如果"关于一个红的三角形的感觉"具有的意义是"这种片断,即它是那些经验——如果一个对象显现一个红的三角形向面表面,那么它们**就是**看到一个物理对象的向面表面是红的和三角形的的实例——的共同描述部分",那么它就具有非外延性——注意到这个非外延性导致了这个错误同化。不过,虽然我们的确逃离了这条死路,却只是一个小小的安慰。因为我们对"直接经验"的"直接的"或"内在的"描述没有任何进展。

VI.
印象与观念：一个历史的观点

26. 有人会说，我说探索死路，其实是我看不见路。因为，他们会说，如果我们想内在描述的是**经验**，那么对于认识到它是**哪种**经验**不会**有任何困惑，尽管对于这知识要怎么传达给他人可能是一个问题。的确会忍不住假定，如果在我们理智发展的某个阶段，我们碰巧将一个经验**只是**归类于**看到**和相应的性质与实存的**看上去**共属的**这一种**，那么，要习得"直接指涉"这种经验，我们只要投入、"考察"它，确定它例示的和符合前文描述的种类，命名它——比如"Φ"——和（完全拥有关于 Φ 的概念）从此将这样的经验归类于 Φ 经验。

此时，关于所予的概念——或（如我所说）这个神话——显然正在被调用来解释直接描述直接经验的可能性。这个神话坚持认为，我一直当作一个问题的其实分为两个，其中一个其实根本没有问题，而另一个可能没有解答。这两个问题分别是：

（1）我们怎么会觉知到一个直接经验属于一个分类，而另一个同时发生的直接经验属于另一分类？

（2）我怎么会认识到，我贴给我的直接经验分类的标签被你贴到相同的分类？难道我称为"红"的分类不会是你称为"绿"——等其他光谱颜色——的分类吗？

我们会发现，第二个问题（是一个哲学困惑）预设第一个问题的某个回答——确切地讲，这个神话给出的解答。我现在要谈这第一个问题。实际上，这个方面的所予神话有各种各样的形式，取决于其他的哲学承诺。不过，它们都有一个共同想法：觉知某些**分类**——我用"分类"来首先想到确定的感觉可重复项——是"直接经验"的一个原始的、毫无疑问的特征。我们已经看到,在概念论的语境中,这个想法的形式是将感觉当作好像它们是绝对具体的(和无限复杂的)**思想**。理解经验主义传统的根本在于意识到,现代共相问题首要关心具体情境的可重复**确定**特征的身份,现代抽象观念问题至少既是关于觉知确定的可重复项的问题亦是关于觉知可确定的可重复项的问题,而洛克、贝克莱和(就此而言)休谟将抽象观念问题当作关于觉知**可确定的**可重复项的问题*。比如,考察洛克的《人类理解论》表明,他认为一个关于白(white)的感觉只靠与(在一个具体场合与它同在的)其他感觉(和意象)的背景分离,就能变成一个关于白(White)的(当下的)抽象观念——"知性中的"一个关于白的思想。换言之,洛克认为,一个关于确定的可重复的白(Whiteness)的(当下的)抽象观念只不过是一个单独的**关于白的意象**,它只是因为(用现代的措辞来讲)被"聚焦唤起"又与一个**关于白的感觉**相区别。

60　　总之,洛克认为,我们怎么会觉知**确定的**感觉可重复项根本不是问题。我们只靠得到感觉和意象就得到这一觉知。**他的抽象观念问题是我们怎么能想到属的属性。**《人类理解论》清楚表明,他用可能会被称之为的"附加说明理论"来解答**这个**问题,即这个看法:(若我们将关于一个可确定项的观念表示为**关于是 A 的观念**)关于一个确定的 A 的观念可以表示为**关于是 A 且 B 的观念**。我们肯定都知道,这不能解释**关于是红的的观念和关于是深红的的观念**的关系。洛克认为**合取**是用简单观念构造复杂观念的基本逻辑关系,是区分可确定观念和确定观念的原则,使自己甚至不能合理描述关于可确定项的观念与关于确定项的观念之间的关系。有一个有趣的猜想,若他既接受**析取**的也接受**合取**的复杂观念,即关于是 A 或 B 的观念和关于是 A 且 B 的观念,他的思想会怎么转变。

---

* 关于对洛克、贝克莱和休谟的后续解释的系统阐明和辩护,读者请查阅(11)。

27. 不过，我不想在这里评注洛克处理抽象观念的缺点，只想强调我们认为是一个问题的他认为不是问题。因此，指出这一点非常重要：贝克莱也是这样。通常认为，他的问题不是"我们怎么从关于**殊相**的觉知到关于**可重复项**的观念？"而是"诚然，在直接经验中，我们觉知绝对**具体的**感觉性质，我们怎么会意识到它们的属呢？怎么看这个意识？"（这不是他关心的唯一"抽象"维度，但对于我们而言是关键。）与通常的解释相反，他的描述和洛克的根本不同在于这个事实：洛克总体*承诺这个看法，即可以有一个关于**属**却**不**关于其任何一个种的观念，而贝克莱坚持认为，只有得到关于（借用常用的司各脱的话来讲）"**收缩**"为它的一个种的属的观念，我们才能得到一个关于属的观念。

大致地讲，贝克莱的论点是，如果**是 A 衍推是 B**，那么就不会有关于 A 却不关于 B 的观念。他推断，因为**是三角形的衍推具有某一确定的三角形形状**，所以不会有一个关于三角形却不关于某一确定的三角形形状的观念。我们只有得到一个关于"收缩"为一个具体形式的三角形的观念，才能觉知属的三角形。任何具体形式的三角形都行；它们都"属于同一分类"。

28. 现在，仔细研究《人性论》表明，休谟和贝克莱、洛克处于同样的困境，他们都预设我们先天能觉知确定的可重复项。人们常说，虽然他

---

* 我说洛克"总体"承诺这个看法，即可以有一个**关于**属却**不关于**其任何一个种的观念，因为，虽然他看到它不可能**关于**任何一个排除其他种的种，而且看到只有使它**无关**所有种才能避免这一点，但是他对这一点非常困惑，因为他看到在某种意义上**关于**属的观念必定**关于**所有种。我们已经指出，假如他接受析取是复合观念的一条原则，他就会说**关于**属的观念是**关于**其所有种的析取的观念，会说关于**是三角形的**观念是关于**是不等边三角形或等腰三角形**的观念。事实上，他认为，要关于所有种，它就得是关于**是不等边三角形且等腰三角形**的观念，这肯定是一个不可能的观念。

有趣的是，如果贝克莱正视这个标准（我们会发现他采用了这个标准）的蕴涵，那么他就得采用之于属的观念的析取理解。因为，由于**是 G**（"G"代表一个属的特征）衍推是 S_1 或 S_2 或 S_3 ……或 S_n（这里"S_i"代表归于 G 的一个种的特征），贝克莱由此会将关于分化为种的三角形集合的三角形（Triangle）属的观念，当作三角形相关的观念整体。不过，不用说，**假如**贝克莱这样做，他就不可能认为一个关于深红的感觉是一个确定的**思想**。

在《人性论》一开始对"观念"的描述没有区分**意象**和**思想**,不过,他在第Ⅰ卷第Ⅰ章第 vii 节修正了这个不足。这些休谟研究者往往忽视的是,休谟在这一节**不是**描述"想到**可重复项**(不管是可确定的还是确定的)是怎么一回事",而是描述"想到**可确定项**是怎么一回事,比如想到相对于具体色度的颜色的颜色"。他对可确定项意识的描述想当然地认为,我们具有想到**确定的**可重复项的原始能力。因而,他之后的描述就基于他在《人性论》开篇对观念的描述,而绝非对它的修订。

那么,他与贝克莱、洛克有何不同?后两人认为,一定有关于一个可确定项的**当下思想**之类的,无论他们对这样的思想描述得多么不同。另一方面,休谟认为有关于**确定的**可重复项的当下思想,**否认**有关于可确定项的当下思想。对于休谟试着建构地描述我们的**可确定项**意识的常见细节,我不会向读者述说,也不会对其批判。因为,我的观点是,无论洛克、贝克莱和休谟在抽象观念问题上有多么不同,他们都想当然地认为,人类心灵天生能觉知某些确定的分类——**确切地讲,我们只靠得到感觉和意象来觉知它们**。

29. 现在,只要稍微扭转休谟的立场就能得到一个全然不同的看法。因为,假定休谟不是将经验的初始要素描述为关于(例如)红的印象,而是将其描述为**红的殊相**(我会一直坚持,不但休谟,可能贝克莱和洛克也是,常常将**关于**红的印象或观念当作好像它们是**红的殊相**),那么休谟的看法(加上对确定项和可确定项的考虑)就变成:所有关于分类或可重复项的意识基于**语词**(例如,"红的")与相似殊相的类之间的协同(association)。

怎么设想这个协同显然有天壤之别。因为,如果协同的生成不但有相似殊相发生,而且有**它们是相似殊相**这个觉知发生,那么,确定种类或可重复项(比如,深红)的所予只不过是被具有 x 与 y 相似这个形式的**事实**的所予取代,我们还是具有觉知可重复项(现在是可重复的**相似**)的先天能力。更明显的是,如果协同的生成不但有红的殊相发生,还有**它们**

是红的这个觉知,那么,概念论形式的神话只不过是被实在论形式的神话取代,就像在经典感觉材料论中那样。

不过,如果协同不靠觉知要么具有 x 与 y 相似这个形式要么具有 x 是 Φ 这个形式的事实促成,那么我们就得到一个我将之称为**心理学的唯名论**的总体看法,据此,**所有**关于**分类**、**相似**、**事实**等的觉知,总之,所有关于抽象实体的觉知——确切地讲,甚至所有关于殊相的觉知——都是语言的事。据此,习得使用一种语言的过程甚至都不预设觉知关乎所谓的直接经验的分类、相似和事实。

两个直接相关的评论:(1)虽然我们按照上述思路修改休谟的看法得到的这种心理学的唯名论具有这个根本优点,即它不会错误地假定存在觉知感觉可重复项或感觉事实的纯粹片断,而且承诺任何能用这些词项指称的事件(用赖尔的表述来讲)都必定是直言-假言的混合,特别是,**体现语词-对象和语词-语词这种协同联系**的言语片断,尽管如此,它作为对最简单概念的描述还是极度的粗糙和贫乏。(2)感觉和意象一旦清除认识的关涉性,假定语言与世界之间的基础协同联系一定在语词与"直接经验"之间的首要理由就不复存在,其方法显然就是承认基本的语词-世界协同是在(例如)"红的"和红的**物理对象**之间,而非在"红的"和所谓的一类私人的红的殊相之间。

应该强调,第二个评论不蕴涵私人感觉或印象不会是生成这些协同联系的必要条件。因为,我们不承诺这个错误想法,即语词"红的"的首要指代"其实"是关于红的感觉而非红的物理对象,肯定也可以接受,"红的"与红的物理对象之间的联系——"红"靠这个联系才可能意指红这个性质——靠关于红的感觉**因果**促成。

VII.
"意指"的逻辑

30. 所予神话有一个根源,连怀疑**内在片断**整个想法的哲学家也没有逃脱。就是这个事实:当我们描画一个学习其**第一**语言的幼儿——或一个石板搬运工,**我们**肯定将这个语言学习者置于一个我们熟悉的结构化的逻辑空间。比如,我们认为他是在有颜色的、发出声音的、时空中实存的物理对象的世界之中的一个人(或者,至少是一个潜在的人)。不过,尽管熟悉这个逻辑空间的是**我们**,但是,我们若不小心,就可能将语言学习者描画为天生对这个逻辑空间就有某种程度的觉知——尽管可能是"前分析的"、有限的和碎片的。我们将他的状态描画为好像是我们自己深夜处于一个陌生森林时的状态。换言之,除非我们小心谨慎,否则我们很可能会想当然地认为,教幼儿使用一种语言的过程就是教他在一个殊相、共相、事实等构成的(他已经未加辨别地觉知的)逻辑空间内辨别种种要素,教他将这些加以辨别的要素与言语符号协同起来。无论**我们**认为幼儿会未加辨别觉知的逻辑空间是物理对象的逻辑空间,还是私人感觉内容的逻辑空间,这个错误大体是一样的。

一种语言理论的真正检验不在于它对被(H·H·普赖斯)称为的"不在场之思"(thinking in absence)的描述,而在于它对"在场之思"(thinking in presence)的描述——那就是说,它对展现语言与非语言事实的基础联系的场合的描述。很多理论,当我们看它们对不在场之思的描述时,它们看上去像心理学的唯名论,而解析它们对在场之思的描述之后,却发现全然"奥古斯丁"。

31. 现在,我一直以来对"心理学的唯名论"这个短语的融洽利用可能表明我即将把概念**等同**语词,把思想(就其是片断的而言)等同言语片断。我现在得赶紧说我不会做这样的事,或者,至少是,若我**确实**做了此类**事**,我稍后阐述的看法只是在相对匹克威克的意义上把思想等同使用语言。因此,我想强调,"心理学的唯名论"在我使用时的首要内涵是:否认有任何对逻辑空间的觉知先于(或独立于)语言习得。

不过,尽管我稍后会区分**思想**和其言语**表达式**,但是,在作更精细的区分之前最好先阐明一个基本观点。首先,若语词"red"没有谓词的逻辑句法,它就不是一个**谓词**,这是十分清楚的。若非我们(至少是在某些心灵框架中)往往用具有"This is red"效力的来回应标准环境中的红的对象,它也不是其所是的谓词。我们一旦放弃这个想法,即学会使用语词"red"需要**关于红的觉知**的先在片断——当然不要混淆**关于红的感觉**,就会忍不住认为语词"red"靠这两个事实才意指**红**这个性质:简而言之,它有谓词**句法**,而且它是(在某些环境中)对红的对象的**回应**。

不过,这样描述"red"有意指,普赖斯将其恰当地贬称为"温度计看法",若不被另一条从

(德语中的)"*rot*" 意指 *red*

与

考利毗邻牛津

这种关系陈述之间的表面相似出发的思路证实,就毫无合理性。因为,我们一旦将

"……" 意指_____

这个形式和

$$x \: R \: y$$

这个形式同化,从而想当然地认为意指是在一个语词与一个非语言实体之间的一个关系,就会忍不住认为这个关系是协同关系。

事情的真相肯定是,具有"'……'意指＿＿＿"这个形式的陈述**不是关系陈述**,虽然,除非语词"*rot*"协同红物,否则它的确不能意指**红**这个性质,但是,说语义陈述"'*Rot*'意指 *red*"表达"*rot*"协同红物是引人误解的。因为,这会暗示这个语义陈述(可以说)是关于"*rot*"的协同联系的一个更长陈述的定义简写,而事实并非如此。"'……'意指＿＿＿"这个提示是传达这个信息的语言手段:一个**被提及的**语词(这里是"*rot*")在某一语言体中(这里是讲德语的人的语言体)与语词"*red*"(它不是**被提及**而是**被使用**——以一种独一的方式被使用;可以说**被展现**——它出现在这个语义陈述的"右手边")扮演同一角色。

因此,我们看到两个陈述

"*und*"意指 *and*

和

"*rot*"意指 *red*

怎么会就"*und*"和"*rot*"告诉我们截然不同的信息,因为,第一个传达这个信息,即"*und*"扮演某一逻辑连结词的纯形式角色,第二个传达这个信息,即"*rot*"在德语中扮演观察语词"*red*"的角色——尽管每个陈述中的**意指**都意义相同,也不必说第一个表示"*und*"与合取处于"意指关系"或第二个表示"*rot*"与红处于"意指关系"[*]。

这些考虑表明,关于语词"*red*"扮演的角色的复杂性或者关于语词"*red*"与红物的确切联系方式,根本不能从语义陈述"'*red*'意指**红**这个

---

[*] 关于根据对语义陈述的这个解释来对抽象实体问题的分析,参见(20)。

性质"的真推论出什么。源于"意指"语法的"菲多"-菲多方面的考虑不会妨碍我们断言,语词"red"的角色——据此完全可以说它有其具有的意指——的确很复杂,若非我们得到大量知识(经典经验主义会认为这与拥有基础经验概念之间有一种纯粹依情况而定的关系),我们不能理解语词"red"的意指——"认识到红是什么"。

VIII.
经验知识有一个基础吗？

32. 所予神话采取的形式之一是这个想法：有(确切地讲,**必定有**)一个关于具体事实的结构,(a)每一个事实不但能被非推论地认识到是这样,而且不预设关于其他具体事实的知识或关于一般真理的知识；(b)这个结构中关于事实的非推论知识构成所有关于世界的(具体的和一般的)事实断言申诉的最终法庭。指出这一点非常重要：我将这一阶层中关于事实的知识不但描述为非推论的,而且描述为不预设关于其他事实的知识,不管是具体的还是一般的。有人可能会认为这是多此一举,逻辑预设关于其他事实的知识的知识(不是信念或确信,而是知识)**必定**是推论的。不过,我想表明这本身就是神话的一部分。

现在,这样一个关于事实的特许阶层的想法,尽管并非没有其困难,但是常会遇到。虽然这一层级的知识是**非推论的**,毕竟还是**知识**。它是**最终的**,还具有**权威性**。传统采用下述形式来试着作一幅两个条件相容的图画：

这一层级的陈述要"表达知识",不但必须被作出,而且(可以说)必须值得被作出,即必须是**可信的**,那就是说,它们必须值得相信。此外(这是关键一点),它们必须用一种**含有**这个可信性的方式作出。因为,若一个陈述的作出和其权威性无关,则这一断言可能会表达**确信**,却根本不能说它表达知识。

这一层级的陈述的权威性——可信性——不尽然在于它们被**其他**陈述支持,因为那样的话,这一层级的所有**知识**就得是推论的,这不但与假说矛盾,而且不合理。结论似乎肯定是,这一层级的一些陈述要表达**非推论**的知识,它们就必须具有可信性——并非被其他陈述支持。现在看起来确实有一类至少符合部分要求的陈述,即被说成是**报告观察**的这种陈述,比如,"这是红的"。这些坦诚作出的陈述具有权威性。不过,它们不是推论的表达式。那要怎么理解这权威性?

(论证继续)显然,它源于这个事实,即它们就是在它们被作出的环境中作出的,就像这个事实表明的那样:它们通常(虽然并非必然也不是没有例外)含有所谓的反身殊型(token-reflexive)表达式,这些表达式和种种时态的动词一起将一个陈述的作出环境和其意义联系起来。(现在适合用某些语句的**陈述事实**的角色和**报告观察**的角色来开始表述我在展开的这条思路。)大致地讲,两次言语执行,它们是一个非反身殊型语句的殊型,在截然不同的环境中出现,却能作出相同陈述;而一个反身殊型语句的两个殊型,(根据相关的相同标准)只有在相同环境中发出它们的声音,才能作出相同陈述。一个语句的两个殊型,除了一个具有时态的动词之外,无论它是否还包含一个反身殊型表达式,只有这样才能作出相同**报告**:它们(被坦诚作出)表达其正在报告的事态**在场**——某种意义的"在场";那就是说,它们与事态处于那个关系——不论是什么关系——靠这关系就能说它们表述关于它的观察。

那么,一个语句殊型能得到可信性的方式似乎有两种:(1)权威性可能(可以说)自上而下传给它,那就是说,是一个语句普型(在某一使用中,它的所有殊型都具有可信性,例如,"2 + 2 = 4")的殊型。在这种情况下,我们说殊型可信性沿袭自普型权威性。(2)可信性可能自这个事实传给它:它在某一组环境中以某一方式出现,例如,"这是红的"。这里,殊型可信性不源自普型可信性。

现在,**一些**语句普型的可信性似乎是**内在的**——至少在它不源自其他语句（无论普型还是殊型）这个有限意义上。某些用来作分析陈述的语句也是（或看起来也是）这样。**一些**语句普型的可信性，靠它们与其他语句普型的逻辑关系，因而靠它们是更基本的语句的逻辑结果，传递给它们。不过，似乎显而易见的是，经验语句普型的可信性不能完全归结为其他语句普型的可信性。因为经验语句普型似乎都不具有**内在**可信性，这意味着，可信性必须靠它们与某些语句殊型——确切地讲，其可信性不是源自语句普型的权威性的语句殊型——的逻辑关系，传递给**一些**经验语句普型。

我们得到的图画是可信性的两个**最终**形式：(1) 分析语句的内在可信性，因为是这种普型的殊型而传递给殊型；(2) "表达观察"的殊型的可信性，从殊型流向普型。

33. 我们来进一步探讨这幅所有传统经验主义共同的图画。怎么理解"表达观察知识"的语句殊型的权威性？人们总是忍不住假定，尽管"观察报告"和"分析陈述"有明显不同，它们得到其权威性的方式却有根本相似。从而不无道理地断言，日常经验陈述不为**真**也能被**正确**作出，而观察报告则与分析陈述相似，被正确作出是其真的充要条件。人们由此——我认为有点仓促——推断"正确作出"报告"这是绿的"就是"遵守'这''是'和'绿的'的使用规则"。

有三点评论是紧要的：

(1) 首先简要评论"报告"这个词项。在日常用法中，报告是**由**某人**向**某人作出的。作一个报告就是**做**某事。不过，在认识论文献中，语词"报告"或"*Konstatierung*"已具有一种专业使用，一个语句殊型 (a) 不是一个**外显**言语执行，(b) 没有"由某人向某人"（甚至向自己）的特征，也能扮演一个报告角色。在内心"自言自语"这种事情肯定有，不过，不要假定所有"内隐"言语片断都是这种，这非常重要，我会在我论证的最后阶段一直强调。

(2) 我的第二个评论是，虽然**我们**不会假定，因为**日常意义上的**"报告"是**行动**，所以 *Konstatierungen* 意义上的"报告"也是行动，但是我们在考虑的这条思路就这样认为。换言之，它将 *Konstatierungen* 的正确性类比行动的正当性。不过，我要强调，不是所有的**应当**都是**应当做**，也不是所有的正确性都是**行动**的正确性。

(3) 我的第三个评论是，如果"遵守规则"这个表达式得以重视，没有被削弱得面目全非以至于只被理解为展现齐一性——这样，打闪、打雷的序列将"遵守规则"——那么，这一知识或信念，即环境是某一种，而不只是这个事实，即它们**是**这一种，促成行动。

34. 这些评论表明，**如果**观察报告被理解为**行动**，**如果**其正确性被解释为**行动**的正确性，**如果**一个观察报告的权威性被理解为这个事实，即作一个观察报告就是真正的"遵守一条规则"，**那么**，我们就遇见最简明形式的所予。因为这些规定使我们承诺 *Konstatierungen* 的权威性依靠非言语的觉知片断——觉知到某物是这样，例如，觉知到**这是绿的**——这些非言语片断具有被恰当作出的**言语**执行（即 *Konstatierungen*）"表达"的内在权威性（可以说，它们是"自我确证的"）。我们承诺一个关于具有权威性的非言语片断（"觉知"）的阶层，假如**言语行动**中出现的表达式得以恰当**使用**，这一阶层的权威性就传递给关于这些行动的上层结构。这些自我确证的片断构成一只巨龟，站在上面的大象支撑经验知识的大厦。无论这些具有内在权威性的片断是觉知到某一感觉内容是绿的，还是觉知到某一物理对象之于某人看上去是绿的，这看法的根本是一样的。

35. 不过，还有别的选择吗？我们可能会首先作下述这样的尝试：一个绿项在场时的"这是绿的"的一个外显或内隐殊型是一个 *Konstatierung* 且表达观察知识，当且仅当它体现一个发出"这是绿的"的外显或内隐殊型的趋向——已知某一场景——当且仅当在标准条件下看一个绿的对象。显然，根据这个解释，"这是绿的"的这种殊型出现，只有在它们例证一个齐一性(这个齐一性不同于打闪-打雷,因为它是语言使用者习得的一个因果特征)的意义上才是"遵守规则"。上述提议——它符合普赖斯教授批判的"温度计看法",我们也已经予以拒绝——显然行不通。不过,我们来看一看能否修改它来符合我一直在用的"表达观察知识"的标准。

要跨过的第一个障碍有关**权威性**,我已经强调,要说一个语句殊型表达知识,它就必须具有权威性。显然,根据这个描述,可以勉强认为构成这样的权威性的只有这个事实:我们能从某人作这个报告这一事实推断一个绿的对象在场。我们已经注意到,报告的正确性不是非得理解为**行动**的正当性。一个报告,它例证一种在一个特定的语言共同体中可以许可和支持的一般形式的行为,就是正确的。

不过,第二个障碍是决定性的。因为,我们看到,一个报告要表达知识,不但必须**具有**权威性,而且这权威性还必须**在某种意义上**被报告者辨识。这的确是个难度很大的障碍。因为,如果报告"这是绿的"的权威性在于这个事实,即从这样的报告发生能推论出与感知者恰当相关的绿项实存,那么由此推出,只有这样一个人能辨识殊型"这是绿的"的权威性:能作出这个推论,因此,不但得到**绿**这个概念,而且得到关于发声"这是绿的"的概念——确切地讲,关于某些感知条件(会被正确地称之为的"标准条件")的概念。换言之,*Konstatierung*"这是绿的"要"表达观察知识",它不但必须是一个绿的对象在标准条件下在场的**征兆**(symptom 或 sign),而且感知者必须认识到"这是绿的"的殊型**是**绿的对象在视觉感知的标准条件下在场的征兆。

36. 现在,可能会认为这个想法有明显的荒谬之处:在(比如)琼斯发声的一个殊型可以表达观察知识之前,琼斯得认识到这种外显言语片断可靠指示绿的对象实存,即恰当联系说者。我不这么认为。确切地讲,我认为有个与它十分相像的想法为真。不过,我现在想阐明的是,如果它**为**真,那么由此推出(这是一个简单逻辑),除非我们还有很多**其他**

知识,否则我们不会得到关于**任何**事实的观察知识。我来强调一下,这一观点没有注意区分认识到怎样做(knowing how)和认识到是这样(knowing that),以及接受观察知识需要大量的"认识到怎样做"。因为,这一观点具体来讲是,关于任何具体事实的观察知识(例如,这是绿的)都预设我们认识到具有 **X 是 Y 的一个可靠征兆**这个形式的一般事实。接受这一点就要放弃观察知识"自立"这个传统经验主义的想法。的确,传统经验主义者会对这一提议深恶痛绝,理由显然是,通过使观察知识**预设**关于具有 **X 是 Y 的一个可靠征兆**这个形式的一般事实的知识,它就与这个想法背道而驰:只有**在我们通过观察认识到一些支持 X 是 Y 的一个征兆这一假设的具体事实之后**,我们才认识到具有这个形式的一般事实。

有人可能会认为,我们现在考察的看法中有一个明显倒退。难道它不是告诉我们,t 时间的观察知识预设具有 **X 是 Y 的一个可靠征兆**这个形式的知识,预设**在先**的观察知识,预设具有 **X 是 Y 的一个可靠征兆**这个形式的**其他**知识,还预设其他**在先**的观察知识,等等? 不过,这指控基于过于简单地(确切地讲,完全错误地)理解当我们说琼斯**认识到** p 时我们在说他什么。根本不是该异议假定认识到是一个**片断**;因为,显然存在我们可以正确描述为认识到的片断,特别是**观察到**(observings)。根本在于,在将一个片断或一个状态描述为**认识到**的片断或状态时,我们不是在经验描述那个片断或状态;我们是在将它置于理由的逻辑空间,即证成和能证成我们的话的逻辑空间。

37. 因而,我为之辩护的看法只有一个条件,即 S **现在**作出的殊型"这是绿的"不算是"表达观察知识",除非这样说也是正确的:S 他**现在**认识到具有 **X 是 Y 的一个可靠征兆**这个形式的适当事实,即(我的陈述还是过于简略)发声"这是绿的"可靠指示绿的对象在标准感知条件下在场。虽然这个关于琼斯的陈述的正确性要求,琼斯**现在**可以引用在先的具体事实来证明这些发声**是**可靠指示,不过,它只要求这样说是正确的:

琼斯**现在**认识到(因而记得)这些具体事实**确曾**存在。它不要求这样说是正确的:他在这些事实存在**时认识到**它们存在。这样,倒退就不复存在。

因而,虽然琼斯**如今**给出归纳理由的能力依靠一段在感知情境中养成和展现言语习惯的漫长历史,尤其是言语片断(它们表面上很像之后被恰当地说是表达观察知识的片断)的发生,例如"这是绿的",不过它不要求在这段先前时间中的每个片断都可以描述为表达知识。(读者此时应该再读前文第19节。)

38. 这个想法肯定是所予神话的核心:"严格且恰当称谓的"观察由某些自我确证的非言语片断构成,当言语执行和准言语执行"符合语言的语义规则",这些片断的权威性就传递给这些执行。因为,在认识论传统中,**所予**就是这些自我确证片断的**认定**。可以说,这些"认定"(takings)是经验知识不动的动者,即所有其他知识(关于一般真理的知识和关于其他具体事实的"不在场"的知识)预设的"在场的认识到"。传统经验主义就在这样的框架中作出其典型断言:感知所予是经验知识的基础。

不过,我来讲清楚,如果我拒绝这个框架,并非因为我应该否认观察到是**内在**片断或它们**严格地讲**是**非言语**片断。我的论点是,这个意义,即在这个意义上它们是非言语的——也是这个意义,即在这个意义上思想片断是非言语的——不会支持认识论的所予。在本文的结论部分,我将试着阐明内在片断的逻辑,表明我们不犯传统二元论的错误,也能区分观察(一方面)和思想以及(另一方面)和其言语表达式。我也将试着阐明**印象**或**直接经验**的逻辑身份,从而圆满结束我的论证一开始的探索。

在我开始这项任务之前的最后一点。如果我拒绝传统经验主义的框架,并非因为我想说经验知识**没有**基础。因为这样说就是暗示它真的是"所谓的经验知识",就是暗示它是谣言和骗局。这幅图画显然**有些**道理：人类知识基于一个层级的命题——观察报告——这些命题不像其他命题基于它们那样基于其他命题。另一方面,我确实想坚持,"基础"这个隐喻引人误解,因为它妨碍我们看到,如果有一个逻辑维度其他经验命题基于观察报告,那么就有另一个逻辑维度后者基于前者。

最重要的是,这幅图画因其静态特征而引人误解。我们似乎不得不在大象立于巨龟之上这幅图画(什么支撑巨龟?)与黑格尔知识巨蟒首尾相衔这幅图画(它从哪里开始?)之间选择。两者都行不通。因为,经验知识,和其复杂延伸(科学)一样,是理性的,不是因为它有一个**基础**,而是因为它是一项自我调整的事业,能让**任何**断言处于危险之中,尽管不是同时让**全部**断言如此。

IX.
科学与日常用法

39. 哲学园里有很多奇异的标本：认识论、存在论、宇宙论等，不一而足。这些标签显然十分高明——不但押韵而且合理。不过，我不想苛责哲学及哲学相关的研究，而是想特别指出哲学物种目录中的新增物种，即科学哲学。我不会试着在归类系统中定位这个新专业。不过，我想阐明的观点可以通过回想这个事实来引入，即种种归类方案（不管出于多么理论的目的）有种种实际后果：可以说，名谓原因有实在结果。只要没有"科学哲学"这样的科目，所有哲学学者至少得不时留意科学事业的方法论和实质的方面。若结果常常混淆哲学的任务和科学的任务，而且常常把最新科学推测的框架投射到世界的常识图画[明证现今几乎从未质疑的假定，即时空物理对象构成的常识世界必定**可分析**为时间和空间（乃至时空）相关的**事件**]，至少它有一个优点：确保反思科学话语的本性和蕴涵通常是哲学思考必不可少的。不过，既然科学哲学名存也实存，人们就可能会将其留给专家，会将哲学不是科学这个合理想法与哲学独立于科学这个错误想法混淆。

40. 只要将话语看作一张地图，再分为一张接一张的子图，每张表示构成总的话语题材的一块接一块的区域中的一块子域，而且，只要是认为哲学家的任务是一块一块**定义**分析——（可以说）"把大的分为小的"——我们就能安然看待哲学专家——形式逻辑和数学逻辑、感知、道德哲学等的专家——的存在。因为，若话语如前所述，各司其事有什么不好？不过，尽管我们坚持"哲学即分析"的口号，可我们现在意识到对哲学的原子主义理解是陷阱和错觉。因为"分析"不再指谓定义词项，而是阐明话语的(最广义的)逻辑结构,话语也不再看起来泾渭分明,而是多维交织,各个维度之间以及各个维度与语言外事实之间的关系并非遵循单一或简单的模式。对感知有兴趣的哲学家再也不能说"让对规范话语有兴趣的人分析它的概念,别来烦我"。大部分有哲学旨趣的概念都牵连不止一个话语维度,虽然早期分析的原子主义在当代有位健康的继承者强调出师学徒的策略,但是哲学事业的宏图伟略再次指向综观宇宙中的人(man-in-the-universe)——或者我会说全部话语中的人的话语(discourse-about-man-in-all-discourse)——这在传统上一直是它的目标。

不过,我尤其想得出的寓意是,我们再也不能得意地说"让对科学话语感兴趣的人分析科学话语,让对日常话语感兴趣的人分析日常话语"。请别误解我。我不是在说,要辨明日常话语的逻辑——多维逻辑——就必须利用科学的结果或方法。甚至不是在说,在一定范围内,这样的分工不是出师学徒途径的一个合理结果。我的观点是,我们所谓的科学事业是已在史学家们称为的"前科学阶段"中存在的一维话语的繁荣时期,不能理解这种(在科学中)"放大了的"话语可能就会(确切地讲,常常会)不能理解它在"日常用法"中的角色,结果,连最基本、"最简单的"的经验词项的完整逻辑也不能理解。

41. 同等重要的另一点。哲学分析的程序本身可能没有利用科学的方法或结果。不过,要**评价**世界的常识图画的框架范畴,就必须熟悉科学思想的潮流。因为,如果前几段中的思路是合理的,那就是说,如果科学话语只不过是从一开始就存在于人类话语中的一维话语的延续,那么我们会预料有一种意义,在这种意义上,世界的科学图画**取代**常识图画;在这种意义上,"何物存在"的科学描述**取代**日常生活的描述存在论。

我们这里必须小心谨慎。因为有一个正确的和一个错误的方式来阐明这一点。很多年前,人们曾肯定地说,科学表明(例如)物理对象不是真的有颜色。之后指出,如果这被解释为这个断言,即语句"物理对象有颜色"表达一个尽管常识广泛信奉但科学表明其为假的经验命题,那么这个断言肯定是荒谬的。物理对象没有颜色这个想法只有在(引人误解地)表达哲学批判真正的时空物理对象框架的一面时才有意义。总之,"物理对象不是真的有颜色"只有在拙劣地表达这个想法,即不存在常识世界有颜色的物理对象之类的时,才有意义,这里,这不是被解释为常识框架**内**的一个经验命题——比如"不存在非人的无羽两足动物",而是被解释为表达对这个真正的框架本身(在**某种**意义上)的拒绝,以及对另一个围绕着不同的但相关的范畴构建的框架的支持。当然,这个拒绝未必是**实践的**拒绝。即它未必还要给现存的人洗脑,训练他们讲不同的话。当然,只要现存的框架在使用,这样说——除了对此框架作哲学阐明以外——就是**不正确的**:没有对象真的有颜色或在空间中有其位置或在时间中持存。不过,**作为哲学家来讲**,我很愿意说,时空物理对象的常识世界是非实在的——即不存在这样的东西。或者,更确切地讲,在描述和解释世界的维度,科学是万物的尺度,是什么是其所是的尺度,也是什么不是其所不是的尺度。

43*. 有一个普遍印象,反思我们怎么学会我们在日常生活中描述世界的语言,得出的结论是世界的常识图画的范畴具有(可以说)不容置疑的真实性。关于这个基本的范畴框架到底是什么,当然有不同的理解。一些人认为是感觉内容与它们之间的现象关系;另一些人认为是时空中的物理对象、人和过程。不过,尽管他们的观点不同,但是我考虑的这些哲学家都确信,在我们的基础描述语汇与世界之间被称为的"实指联系"摒弃了这个十分荒谬的观念:不存在这个框架谈论的东西。

这个确信必然包括我将(在延伸的意义上)称之为的**科学的实证主义理解**,即认为各个理论对象(分子、电磁场等)和其关系构成的框架(可

---

* 原文第 41 节之后是第 43 节,没有编码 42 的一节,这里不作改动。——译者注

以说)是一个**辅助**框架。这个想法最明确的形式是,各个理论对象和其相关命题是"计算手段",其价值和身份在于,对于在直接实指关联世界的语言框架内表述的可实证的概括,它们扮演系统化和启发性的角色。我们会忍不住这样说,按照这些哲学家的说法,实指关联话语的对象表现得**好像**且**只好像**科学实体绑定或构成了它们。不过,这些哲学家肯定会赶紧指出(理当如此),

X 表现得好像其由 Y 构成

只有对比

X 因其确实由 Y 构成而这样表现

才有意义,而他们的论点就是,若 Y 是**科学**对象,这种对比就没有意义。

我要阐明的是,只要我们认为存在一个框架,不管是物理对象的框架还是感觉内容的框架,其绝对真实性由这个事实确保,即学得这个框架含有一个"实指步骤",我们就总忍不住认为理论话语的权威性是完全派生的,是一个计算辅助(即一个有效的启发手段)的权威性。我在下述部分的主要目的之一是使读者相信,这个对世界的科学图画的解释基于两个错误:(1)错误埋解在一种语言的学习和使用中的实指要素(我已揭露)——所予神话;(2)将理论话语与非理论话语之间的**方法论**差异具体化为理论实存与非理论实存之间的**实质**差异。

44. 一个总结我上述所言的方式是这样说,即流传一个普遍印象(受到对于概念生成的幼稚解释的推波助澜),科学哲学家探讨一种话语,可以说,它是日常话语这块大陆的半岛分支。科学话语的研究被认为是适合有背景和动机来跟进的人从事,但根本上是脱离大陆困惑的爱好。不过,这个总结肯定说不太通。因为,所有哲学家都会赞同,除非哲学解决我们在试着全面思考现代科学的框架与日常话语之间的关系时产生的困惑,否则它就不完备。不过,我的观点不是有人会否认这是哲学的真正任务,而是他们通过探讨预设**所予**的语言(普通人用其来描述和解释经验事实),沿着我称为科学话语的实证主义或半岛理解的路线,走向这些困惑的一个"解决"——我相信这个"解决"不但是表面上的,而且是完全错误的。

X.
私人片断：问题

45. 时隔这么久,我们现在回到这个问题：怎么理解关于**看到那边一个对象是红的**、**那边一个对象之于某人看上去是红的**(其实它不是红的)与**那边之于某人看上去好像有一个红的对象**(其实那边根本**没有对象**)的经验之间的相似。我们曾看到,部分相似在于它们都包含那边的对象是红的这个观念——你可以说是命题。不过,除此之外,肯定还有很多哲学家曾试着用**印象**或**直接经验**的观念来阐明的一部分。

前文第 21 节和之后几节指出,对于 **x 只不过看上去是红的**这个形式的事实,除了基于将对象的颜色、看到它们的环境和它们看上去具有的颜色联系起来的经验概括的这种解释,乍一看还可能有两种解释方式。这两种方式是(a)引入印象或直接经验作为理论实体；和(b)仔细察看这些情境,**发现**它们含有印象或直接经验这样的组成部分。我曾特别指出其中第一个选项的矛盾特征,同时拒绝予以重视。不过,那时第二个选项(本身含有所予神话)也不令人满意。

因为,首先,若不使用"红的"和"三角形的"这种语词,怎么描述这些印象。但如果我到目前的论证是合理的,那么只有物理对象可以真正是红的和三角形的。因而,在我现在考虑的情况中,没有什么是红的和三角形的。似乎由此推出,"关于一个红的三角形的印象"只能意指"在其中要么我们看到某物是红的和三角形的、要么某物只不过看上去是红的和三角形的或那边只不过看上去有一个红的三角形对象的经验共有的**一类印象**"。如果我们永远不能内在描述"印象",只能用一个逻辑上的限定摹状词(即,是这样的情境共有的**这种实体**),那么,较之于我们坚称

"印象"谈论是我们用于谈论物看上去是怎样和看上去有什么的语言的便捷符号(代码),根本看不出来我们有所改善。

这条思路被这个考虑证实:我们一旦放弃这个想法,即我们一来到这个世界就带有一些关于殊相、种类、事实和相似构成的逻辑空间的觉知——尽管是含糊的、碎片的和未加分辨的,一旦认定连关于颜色的"简单"概念都源自长期的在公共情境中对公共对象(包括言语执行)的公共强化的回应过程,那么,我们就很可能会感到困惑,即使存在印象或感觉之类的,我们怎么会认识到它们存在,怎么会认识到它们是哪类事物。因为,我们现在认定,并非因为我们觉察那类什么才得到关于什么的概念,而是得到觉察一类什么的能力已经是(而且不能解释)得到关于那类什么的概念。

的确,我们一旦全面考虑这条推理路线,我们就会想到,如果它是合理的,那么我们不但面临问题"我们怎么会想到'印象'或'感觉'?"还有问题"我们怎么会想到某物之于我们看上去是红的或(问题的关键)看到某物是红的?"总之,我们面临这个一般问题:理解怎么会有**内在片断**——它们不知怎的将**私人性**(因为我们每个人都特权享有自己的片断)和**主体间性**(因为我们每个人基本都能认识他人的片断)结合起来。我们可能会更多地从语言学上将其表达为这个问题:怎么会有一个语句(例如,"S牙痛"),**在逻辑上讲**,每个人都能用其陈述一个事实,而只有一人(即 S 自己)能用其作一个报告。不过,虽然这是一个常用表述,但是没有确切反映相关项所谓的**片断**特征。这个事实表明这是困惑的核心:很多哲学家,他们不会否认存在短期的关于行为的假言事实和假言-直言混合事实(他人能根据行为将其归属我们,却只有**我们**能**报告**),但已经发现谈论这样的非行为**片断**在逻辑上没有意义。比如,赖尔(17)断言,真正认为存在这种片断是一个范畴错误,而其他人说,尽管存在这种片断,但是不能用在公共对象的语境中和在我们语伴的"学院"中学会的主体间的话语来描述它们。我想说,这两个论点都完全错误,不但内在片断**不**是范畴错误,而且它们用主体间的话语完全"可说"。我想正面证明**怎么**会这样。我特别想联系感觉和感受这种内在片断,总之,联系(我认为不幸)被称之为的"直接经验"来阐明这一点。因为,要圆满结束此次对所予神话的考察就要有这样一个描述。不过,在我能着手这些话题之前,得先讨论完全不同的一种内在片断,即**思想**。

XI.
思想：经典的看法

46. 当前经验主义对于**思想**的身份持有两种意见。一方面，它与这个想法一致，即只要有**片断**是思想，它们就是**言语的**或**语言**的片断。不过，即使学会一种语言的人的坦诚外显言语行为**是**思想，它们显然还远不足以解释所有说一个人在思想的情况。我们也不能合理假定，剩余部分由常被非常拙劣地混为"言语意象"的内在片断来解释。

另一方面，它们忍不住假定，有关思想的动词所指称的**片断**包含所有形式的"理智行为"，有言语的也有非言语的，这些行为应该体现的"思想片断"根本不是真的片断，而是关于这些以及其他行为的假言事实和假言-直言混合事实。不过，这遇到一个困难，即每当我们试着解释我们称一个**非习惯**行为是理智的是什么意思时，我们似乎发现必须用**思想**来解释。用理智行为来对思想作倾向描述是隐秘循环的，这种不安不会平息。

47. 现在，经典传统断言，有一个家族的片断，既非外显言语行为亦非言语意象，它们是**思想**，外显言语行为和言语意象有其意指都是因为这个事实，即它们和这些**思想**处于独一的"表达"关系。这些片断是可内省的。的确，人们通常相信，没有认识到它们发生，它们就不可能发生。不过，这可以归结为一些混淆，可能其中最重要的是认为**思想**与感觉、意象、痒觉等属于同一个一般范畴。我们在前文第 26 节和之后几节看到，将思想错误同化感觉和感受，就是将感觉和感受错误同化思想，就是证伪两者。提出经典看法的人和说自己"没有发现这种经验"而予以拒绝的人都假定，如果存在思想片断，它们一定是直接经验。如果我们清除这些混淆的经典传统,它就变成这个想法,即我们每人都有一系列片断,其本身不是直接经验,虽然我们特权享有,但是绝非不会变或不可错的享有。这些片断不被外显言语行为"表达"也能发生,尽管言语行为——在一个重要的意义上——是其自然结果。再者,虽然我们可以"听到我们自己思想",但是使之可能的言语意象既非思想本身,亦非表达它和向他人传达它的外显言语行为。这样假定是错误的:当我们"认识到我们在想什么",我们必须得到言语意象——确切地讲,某意象——总之,"特权享有"必须根据一个感知或准感知的模型来理解。

现在,我想辩护这样一个修订过的关于我们对思想的常识理解的经典分析,其间我会阐述之后会促成基本解决**直接经验**困惑的区分。不过,在我继续之前,我赶紧来补充一下,我即将阐述的看法可以同样说是"思想是**语言**片断"这个看法的一个修改形式。

XII.
我们的赖尔祖先

48. 不过,读者很可能问,如果这些片断不是直接经验,那么它们在什么意义上会是"内在的"？如果它们既非外显语言执行,亦非"内心"言语意象,那么它们在什么意义上会是"语言的"？我将编一部我自己的神话,或(给它一种现代的崇高气息)写一部科幻小说——人类学的科幻小说——来回答我提出的这些和其他问题。想象一个史前时期,人类只使用一种我所谓的赖尔语,其基本描述语汇谈及时空中公共对象的公共属性。我来赶紧补充说这也是赖尔语的特点：尽管它的基本资源有限(稍后我会讨论多么有限),其总的表达力却非常强。因为,它巧妙利用合取、析取、否定和量化这些基本逻辑运算,尤其是虚拟条件句。而且,我将假定它表现出日常话语较宽松的逻辑关系,哲学家们称其"含糊"且"开放"。

我将直接从已掌握赖尔语的人来开始我的神话,因其要阐明的哲学情境是：我们并不困惑人们是怎样习得一种指称公共对象的公共属性的语言的,而是真的十分困惑我们怎么学会谈论内在片断和直接经验的。

我想,还有一些哲学家可能认为,我们允许我们的这些神秘祖先随意使用虚拟条件句,其实已经使他们能表达**我们**在谈论思想、经验(看到、听到等)和**直接经验**时能表达的一切。我觉得这种人不多。不管怎样,我现在讲的故事就是要确切表明,主体间语言**必须**是赖尔语这个想法**怎么**基于一幅过于简单的关于主体间话语和公共对象关系的图画。

49. 我在提的问题其实是,"得给这些会讲话的动物使用的赖尔语补充什么资源,他们才可能会认定对方和自己是(我们意义上的)**思想**、**观察**、得到**感受**和**感觉**的动物?"和"补充这些资源怎么会被理解为合理的?"首先,这种语言得丰富语义话语的基本资源——那就是说,作"'*rot*'意指 red"和"'*Der Mond ist rund*'为真,当且仅当月球是圆的"这种典型语义陈述必需的资源。有人说[例如,卡尔纳普(6)]形式逻辑的语汇可以建构这些资源,因此我们的赖尔语已基本包含它们。我在别处[(20)]批判了这个想法,这里不再讨论。不管怎样,论证不必就这一点作出抉择。

其次,承认我们的这些神秘祖先能用语义语言描述各自的言语行为;换言之,他们不但能谈论各自的预言是原因和结果,(更为可靠地或不太可靠地)指示其他言语和非言语的事态,而且可以说这些言语**意指**这样、表达这样、为真、为假等。我来强调一下,前文第 31 节指出,作一个言语事件相关的语义陈述不是以一个简写方式来谈论其原因和结果,尽管在"蕴涵"的一个意义上,言语相关的语义陈述确实**蕴涵**这些言语的因果信息。比如,当我说"'*Es regnet*'意指 it is raining",我的陈述"蕴涵"莱茵河彼岸的发声"*Es regnet*"的因果等同于英语共同体中的我自己和其他成员的发声"It is raining"的因果。它若不这样蕴涵就不能扮演它的角色。不过,这不是说语义陈述是关于言语执行的原因和结果的陈述的定义简写。

50. 有了语义话语的资源,我们虚拟祖先的语言得到一个维度,它使这个断言合理得多:他们和我们一样能谈论**思想**。因为思想的特征是其**意向性**、**指称性**或**关涉性**,关于言语表达式的意指或指称的语义谈论显然与关于思想关涉什么的心理主义话语结构相同。因此会更忍不住假定,**思想**的意向性可归结为将语义范畴运用到外显言语执行,而且提出一种经过修改的赖尔描述,据此,关于所谓的"思想"的谈论是关于外显言语和非言语的行为的假言陈述和直言-假言混合陈述的简写,**而且**,关于这些"片断"的**意向性**的谈论因此可还原为关于言语部分的语义谈论。

94　　还有别的选择吗？经典的想法是，不但有外显言语片断可以用语义语言描述，**除此之外**，还有某些内在片断用传统**意向性**语汇恰当描述。当然，这个经典的想法还认为，关于外显言语执行的语义话语要根据关于(这些外显执行"表达"的)心理片断的意向性的谈论来分析。我眼下的问题是，看一看我能否调和这个经典想法，即思想是既非外显行为亦非言语意象且用意向性语汇恰当指称的内在片断，和这个想法，即关于意向性的范畴说到底是关乎外显言语执行的语义范畴*。

---

*　在(18)和(19)会找到关于这些思路的早先尝试。

XIII.
理论与模型

51. 不过,这些片断会是什么呢?就我们的科幻小说而言,我们的祖先怎么会认定它们实存?我们讨论的逻辑空间一旦扩大到涵盖**理论**语言和**观察**语言的差异(这是科学哲学的关键),对这些问题的回答就出奇的简单。虽然这是一个常见差异,不过我将用几段文字来强调该差异与我们的问题最相关的一些方面。

通俗地讲,建构一个完善或精深的理论就是假定一个实体领域,其中的实体以该理论的基本原则制定的某些方式表现,而且将这些理论实体组成的复合项关联(在某种意义上可能是等同)某些非理论的对象或情境;那就是说,关联要么是可观察事实要么是至少基本能用观察语言描述的对象或情境。理论事态与观察事态的"关联"或"等同","除非另行告知",否则是临时的,可以说,相当于搭建起准许观察话语语句和理论语句互通的临时桥梁。比如,(例如)在气体动力学理论中,具有"在这样的时空中的气体 g 具有这样的体积、压力和温度"这个形式的经验陈述关联说明分子数量的某些统计量值的理论陈述。这些临时桥梁这样搭建,使得用可观察事实的语言表述的靠归纳确立的气体规律关联推导的理论语言的命题或定理,使得该理论中没有命题关联被证伪的经验概括。因而,一个好理论(最起码是我们现在考虑的这种)"解释"这些确立的经验规律,是通过从少许关于未观察到实体的公设推导出这些规律的理论部分。

这些评论肯定只触及理论在科学话语中的身份问题的表面。我一旦作出这些评论,就必须赶紧限定它们——几乎面目全非。因为,虽然现今对理论本性的这个经典描述[其较早的表述之一是诺曼·坎贝尔(5),更近的是在卡尔纳普(8)、赖欣巴哈(15,16)、亨普尔(10)和布雷思韦特(3)的作品中]确实解释了理论的逻辑身份,但它是以牺牲其他特征来强调某些特征的。它说建构一个理论就是阐明一个与观察话语临时关联的公设系统,从而对科学家在建构理论过程中的现实所为,给出一幅高度人工的非实在论图画。我不想否认,如今精通逻辑的科学家们**可能会**或(有时)可能**确实**以真正符号逻辑的方式进行。不过,我确实想强调两点:

(1) 第一点,一个理论的基本假定,通常不源于建构未经解释的演算(它可能会以欲想的方式关联观察话语),而是源于试着找到一个**模型**,即试着描述一个以常见方式表现的常见对象的领域,我们会由此看到,要解释的现象若由这种东西组成会怎么出现。一个模型的关键在于,可以说,它配有一个评注来(既非精准亦非全面地)**限定**或限制常见对象与理论引入的实体之间的类比。即对(这样限定的)模型领域中对象的基本表现方式的描述,转到理论实体,对应这幅关于理论建构的符号逻辑图画中的公设。

(2) 不过,对于我们更重要的是,这幅关于理论建构的符号逻辑图画掩盖了最重要的一点,即设计对可观察现象的"理论"解释的过程并非完全出自近代科学的才智。它尤其掩盖了这个事实,即并非所有的常识归纳推论都具有

所有观察到的 A 是 B,**因此**(很可能)所有 A 是 B

这个形式或其统计形式,它也使我们错误地假定,所谓的"假设-演绎"解释只在科学的精深阶段。其实,我稍后会举例说明,科学紧连常识,科学家用以尝试解释经验现象的方法,就是自理智曙光以来,普通人用以尝试理解(尽管粗略简要)其环境和其同伴的方法的改进。我现在想强调

的就是这一点,因为我将论证,理论话语与观察话语之间的差异涉及关乎内在片断的概念的逻辑。我说"涉及",是因为说这些概念**是**理论概念是矛盾的,确切地讲,是不正确的。

52. 我想,现在可以说"内在片断"这个表达式已经得到部分阐释;因为,虽然这样假定——即一块木头的可燃性可以说是一个隐蔽的燃烧,当木头置于火中,它就外显或显露——的确是一个范畴错误,不过,并非所有我们假定在世界上发生的不可观察片断都源于范畴错误。说(例如)我们周围的空气"之中"(in)有数不清的分子,它们(尽管空气观察起来滞涩)正在参与一场真正的片断风暴,这显然绝非"之中"的非法使用——尽管这是一个有其自己的逻辑语法的使用。显然,这些片断在空气"之中"这个意义,要根据空气"是"一群分子这个意义来阐明,这又要根据理论话语与观察话语之间关系的逻辑来阐明。

稍后我会再谈这个话题。在此之前,我们先回到我们的神秘祖先。丰富其赖尔语的第二个阶段是补充理论话语,我的读者不会对此感到意外。因而,我们可以假定,这些使用语言的动物(没有方法论的精深)阐明粗略、简要、含糊的理论,来解释为什么可观察属性相似的东西其因果属性不同,为什么因果属性相似的东西其可观察属性不同。

XIV.
方法论的行为主义与哲学的行为主义

53. 不过,我们就要到达我的神话的核心章节。我想要你们假定,在这个新赖尔文化中,现在出现一位天才——我们称他为琼斯——他是那场曾是革命性的、现却不足为奇的被称为行为主义的心理学运动的无名先驱。我来强调一下,我考虑的是作为一个方法论论点的行为主义,我将着重表述它。因为,在靠这个词项闻名的历史情结中的核心和引导主题是对怎么建构一门心理学科学的某一(或某套)理解。

哲学家们有时假定,这样的行为主义者承诺我们的日常心理主义概念**可用外显行为分析**。不过,尽管行为主义常常带有某种形而上学偏见,这个论点却不是要**分析现有的**心理学概念,而是要建构新概念。作为一个方法论论点,它不承诺之于常识心理主义话语的逻辑分析相关的一切,它也不否认我们每人都特权享有我们的心灵状态,而且这些心灵状态能用相信、寻思、怀疑、意向、愿望、推论等这种常识概念来恰当描述。如果我们准许自己说,这个之于我们心灵状态的特权享有是"内省",以避免蕴涵有一个"手段",我们靠它"看到""内部"在发生什么,就像我们靠眼睛看到外部环境一样,那么,我们可以说,我的意义上的行为主义不否认存在内省这样一个东西,也不否认(至少就一些话题而言)它十分可靠。从行为主义立场看,"内省"的根本在于**我们用常识心理主义概念内省**。虽然行为主义者承认(人人都得承认)常识心理主义话语含有很多知识,而且将来用它们表述和检验假定还会得到更多,虽然他承认完全可以将这种心理学称为"科学的",不过,他自己建议只是启发地利用心理主义话语,而且,在展开他自己对人类机体可观察行为的科学描述的过程中,"从头开始"建构他的概念。

54. 不过,虽然科学行为主义很显然**不**是这个论点,即常识心理学概念可分析为关乎外显行为的概念——一些哲学家一直坚持这一论点,可以称之为"分析的"或"哲学的"行为主义——但却常常认为,行为主义承诺行为主义心理学的概念必须可以这样分析,或者,正面来讲,恰当引入的行为主义概念必须用关乎外显行为的基本语汇通过(最广义的)明确定义来建构。行为主义者因而会说,"不管日常生活的心理主义概念是否可以用外显行为定义,我都将确保我要使用的概念是这样"。不得不承认,很多行为主义导向的心理学家相信自己承诺这个关于概念生成的朴素计划。

现在,我想可以说,**要这样想**的话,行为主义的计划就被过度地限制了。当然,合理的科学程序根本不要求这种自我否定。物理学——其方法论的精深给其他科学留下深刻(确切地讲,过于深刻)的印象——没有为其概念作出相应限制,化学也没有用可用化学物质的可观察属性和行为来明确定义的概念来建构。我在阐明的现在应该很清楚了。这条行为主义的要求,即所有概念应该用关乎外显行为的基本语汇来**引入**,和这个想法,即一些行为主义概念要作为**理论**概念来引入,不矛盾。

55. 关键是指出,行为主义心理学的理论词项不但**不**用外显行为定义,它们也**不**用神经、突触、神经脉冲等定义。关于行为的行为主义理论本身不是关于行为的心理学解释。一个理论概念和命题的框架能成功解释行为现象,这在逻辑上不依靠将这些理论概念等同神经生理学概念。事实**是**——这是一个逻辑观点——每一门探讨人类机体某一方面的具体科学都是在某一规范的理想框架中运作,每一门的成就都在这理想的融贯系统中有一个可理解的位置。因而,留意渐露端倪的人类机体的总图画是行为主义者的一部分工作。如果抑制草率等同的趋向,那么思索整合可能具有相当的启发价值;尽管对行为理论的神经生理学思索(至少)到现在还没有特别收获。我想,当关于人及其行为的总的科学图画出现，其中肯定会有行为理论中的概念与关乎解剖结构功能的概念的**某种**等同，不过，不该假定，行为理论自始就承诺其**所有**概念的生理学等同——其概念可以说自始就是生理学的。

我们其实一直在区分理论词项的逻辑（或"方法逻辑"）的两个维度：(a)它们解释理论的选定现象的角色；(b)它们在我们所谓的"总图画"中作为整合的候选的角色。这些角色同是理论词项的逻辑和（因此）"意指"的一部分。因而，任何时候，一个理论的词项的部分逻辑效力可以（不管是简要地还是确定地）设想为它们整合的方式。不过，就我的论证而言，这样称这两个角色是有用的：好像就是区分我将称之为的**纯粹理论概念**和有关这些概念与其他专业概念之间关系的假设。我们**可以**说，科学家越是不能猜想某一理论与其他专业会有的整合方式，其理论的概念就越是接近纯粹理论概念的身份。举例来说：我们可以想象，在注意到电现象或磁现象之前，化学发展出一个精深且成功的理论来解释化学现象；化学家们将某些概念（它们后来可以等同电磁理论框架中的概念）阐述为纯粹理论概念。

XV.
私人片断的逻辑：思想

56. 有了这些都太过简略的之于方法论的行为主义的评论，我们再次回到我们的虚构祖先。我们现在能将这种他们用于描述自己和其同胞的原始赖尔语不但描述为**一种行为主义**语言，而且描述为只有行为主义心理学的**非理论语汇**的一种行为主义语言。现在，假定琼斯在试着解释他的同胞不但在其举止萦绕一串外显言语片断时——**我们会这样表述**，那就是说，在他们"出声地想"（think out loud）时——而且在没有可察觉言语输出时均理智地表现这个事实的过程中发展出一个**理论**，外显发声据此只不过是一个始于某些内在片断的过程的终点。**我们来假定，他为这些片断**（它们发起终于外显言语行为的事件）**建立的模型是关于外显言语行为自身的模型。换言之，这个理论，用这模型的语言来讲，大意是外显言语行为是一个始于"内在言说"的过程的终点。**

关键是要记住，不要把琼斯说的"内在言说"与**言语意象**相混淆。事实上，琼斯和其同胞一样，连意象的概念都还没有。

不难看到琼斯理论将采取的总路线。据此，理智的非习惯行为的真正原因是"内在言说"。比如，即使饥饿的人外显地说"有食物"接着开始吃，他吃的真正——理论——原因（已知他饥饿）不是外显发声，而是"这个语句的内在发声"。

57. 关于琼斯理论，首先要指出，因根据言说片断的模型建构，**它将语义范畴用于这些内在片断**。因而，正如琼斯和其同胞一直说外显发声**意指**这个、那个或者**关涉**这个、那个，他现在也说这些内在片断**意指**这个、那个或者**关涉**这个、那个。

要记住的第二点是,尽管琼斯的理论含有一个**模型**,却不等同于它。它和所有用模型表述的理论一样,也含有模型**评注**;评注差不多明确限定理论实体与模型中的实体之间的类比。比如,当他的理论谈论"内在言说",评注会赶紧作出补充:相关片断肯定不是一条隐藏的舌头在摆动,也不是这"内在言说"发出的任何声音。

58. 我的故事的主旨现在应该很清楚。因此,我将继续十分简要地阐明要点:

(1)我们必须假定琼斯发展出的是可以有很多不同展开的理论源起。我们不可将其确定为经典哲学家掌握的某一更精深的形式。比如,不必赋予这个理论以苏格拉底或笛卡尔的形式,据此这"内在言说"取决于一个单独的实有;尽管原始人可能有好理由假定人由两个单独的东西组成。

(2)我们来假定,琼斯将这些推论实体(discursive entities)称为**思想**。我们立即可以接受,他引入的思想框架是"未观察到的"、"非经验的""内在"片断的框架。因为,我们可以当即指出,就此而言,它们与物理理论的粒子和片断一样。因为,这些片断在使用语言的动物"之中"就像分子作用在气体"之中",而非"幽灵"在机器"之中"。它们在这个简单意义上是"非经验的":它们是**理论的**——不可用观察词项来定义。它们(**就像引入时一样**)是未观察到的实体,这个事实也不蕴涵琼斯不会有好理由假定它们实存。它们的"纯粹性"不是**形而上学的**纯粹性,而是(可以说)**方法论的**纯粹性。我们看到,这个事实,即它们不是作为生理学实体引入的,没有排除这个可能:在一个之后的方法论阶段,可以说,它们可能"会"是这样。比如,有很多人会说,现在可以假定这些**思想**"等同"于大脑皮层中的复杂事件,像一台计算机一样运作。琼斯肯定没有这种想法。

(3)虽然这理论假定外显话语是一个始于"内在话语"的过程的终点,不过,不该认为这意指外显话语之于"内在话语"**就像意愿活动之于**

意向和动机。的确可以生成外显语言事件来作为达到目的的手段。不过，如果我们根据使用工具的模型来解释外显语言片断**表达**思想，那么对语言和思想的解释就都悄然产生严重的错误。因而，应该指出，我简述的琼斯理论与这个想法完全一致：思想能力是在习得外显言说的过程中习得的，只有外显言说完全确立之后，没有其外显终点的"内在言说"才能发生。

（4）虽然对于外显言说片断（它们能用语义词项描述）的发生，这一理论用**思想**（它们**也**用语义词项描述）来解释，但是这不是说，外显言说"有意指"这个想法是在用思想的意向性来**分析**。不能忘记，**对外显言语片断的语义描述是语义词项的首要使用，语义描述的外显语言事件是这一理论引入的内在片断的模型。**

（5）在我们结束琼斯长篇小说第一辑之前的最后一点。这点怎样强调都不为过：虽然这些理论的推论片断或**思想**是作为**内在**片断引入的——这只是再次说它们是作为**理论**片断引入的——不过，它们**不**是作为**直接经验**引入的。我提醒读者，琼斯和其他新赖尔时代的人都尚未得到这个概念。即使当他和他们通过一个过程（这将是我的神话的第二辑）习得它，也只有他们中的哲学家才会假定，出于一个理论目的引入的内在片断——思想——必定是直接经验（它们是出于另一理论目的引入的内在片断）的子集。

59. 然后这是结局。我多次提出，虽然这样说极其引人误解，即关乎思想的概念是理论概念，但是它们的身份却可能会通过对比理论话语和非理论话语来阐明。我们现在能看到究竟为何会这样。因为，我们的虚构祖先（琼斯）一旦发展出这个理论，即外显言语行为表达思想，并且教他的同胞们利用该理论来解释彼此的行为，这只是向使用这种语言来作自我描述迈出一小步。比如，当汤姆（他注视着迪克）有行为证据保证（这一理论语言中的）语句"迪克在想'p'"（或"迪克在想 that-p"）的使用，迪克使用同一行为证据，可以用这一理论的语言说"我在想'p'"（或

"我在想 that-p")。现在表明——这需要吗？——迪克不是非得观察他的外显行为,才能被训练得会使用这一理论的语言来作相当可靠的自我描述。大致地讲,琼斯将其实现是通过在行为证据有力支持理论陈述"迪克在想 that-p"时赞许迪克的发声"我在想 that-p";通过在证据不支持这个理论陈述时不赞许"我在想 that-p"的发声。我们的祖先开始谈论我们每人都特权享有自己的思想。**最初具有纯粹理论使用的一种语言得到一个报告角色**。

我认为,这个故事帮助我们理解关乎思想这种内在片断的概念原初根本上是**主体间的**,正如正电子的概念是主体间的,这些概念的报告角色——我们每人都特权享有自己的思想这个事实——构成这些概念的一个使用维度,这一维度**基于**且**预设**这个主体间的身份。我的神话表明,这个事实,即语言根本上是一项**主体间的**成就,是在主体间的语境中学会的——现代语言心理学正确强调了这个事实,比如 B·F·斯金纳(21)和某些哲学家,例如卡尔纳普(7)、维特根斯坦(22)——与"内在片断"的"私人性"并不矛盾。它还表明,这私人性不是"绝对私人性"。因为,如果它认定这些概念有报告使用(我们不是在从行为证据作推论),尽管如此,它仍坚持认为外显行为**是**这些片断的证据这个事实**嵌入这些概念的核心逻辑**,正如可观察的气体行为是分子片断的证据这个事实嵌入分子谈论的核心逻辑。

XVI.
私人片断的逻辑：印象

60. 我们现在可以回答关乎直接经验的概念的身份问题了。第一步是提醒我们自己，属于**思想**框架的内在片断是感知，那就是说，**看到这张桌子是棕的、听到这架钢琴走调**，等等。在琼斯引入这个框架之前，我们的虚构祖先得到的关于感知**片断**的概念只是关于外显言语**报告**［它们是在（例如）标准条件下看一个对象这个语境中作出的］的概念。**看到某物是这样**是琼斯理论中的一个内在片断，其模型是**根据看来报告某物是这样**。记得前一节，正如当我说迪克**报告**这张桌子是绿的，我承诺他报告的为真，因而说迪克他**看到**这张桌子是绿的，就是归属给迪克"这张桌子是绿的"这个观念且认可这个观念。关于这一点的详细阐述，读者可以重新查阅第 16 节和之后几节。

我将原始的赖尔框架丰富到包含内在感知片断，就和我原来对内在经验问题的表述（第 22 节和之后几节）联系起来。因为，我可以很容易在这个框架中重构我之前对于（**性质**和**实存的**）**显象为的语言**的描述。因此，我们来翻到我们的历史小说的最后一章。我们的祖先现在讲一种完全非赖尔的语言。不过，它仍未提到印象、感觉或感受之类的——总之，未提到哲学家们统统称为"直接经验"的东西。记得，我们已到这里：我们可以看到，短语"关于一个红的三角形的印象"只能大概意指（比如）"一位感知者的那一状态——除了那边有一个红的三角形物理对象这个观念——这是下述情境共有的，

(a) 他看到那边的对象是红的和三角形的；

(b) 那边的对象之于他看上去是红的和三角形的；

(c) 那边之于他看上去有一个红的三角形物理对象。"

我们的问题在于,一方面,说(例如)印象是理论实体似乎是荒谬的,而另一方面,要解释存在这种实体这个想法看似具有的正面内容和解释力,要使我们能理解我们怎么会得到这个想法,将印象解释为理论实体似乎是唯一希望。我刚刚之于**思想**给出的描述表明这个明显的两难会怎么解决。

因为,我们假定琼斯发展出一个关于感觉感知的理论——当然是粗略简要的——来继续这个神话。琼斯的理论要成为一个话语方式(如今,至少就一些感觉模态而言,它尤为精妙复杂)发展过程中的第一个有效步骤,不必清晰或精准。因此,我们只需要归派给这个神话理论以那些使它能解释我们关于直接经验的日常语言的逻辑的最小特征。从这个立场看,这样假定就够了:我的神话英雄假定一类他所谓的(比如)**印象**的内在——理论——片断,它们是物理对象和过程作用于身体各个部位尤其是(继续我用以提出我们的问题的具体形式)眼睛的最终结果。

61. 现在就能阐明几点:

(1) 这一理论引入的实体是感知主体的**状态**,**并非一类殊相**。这点怎么强调都不为过:常识世界的殊相是书、书页、芜菁、狗、人、声响、闪光等和它们出现于其中的空间和时间——康德的非物(Undinge)。有可能使我们认为**印象**作为殊相引入的是,这一原始原理论用一个**模型**来表述,就像思想那样。这次的模型是这个想法:一个"内在复制品"(inner replicas)领域,当它们在标准条件下引起,就分有其物理来源的可感知特征。重要的是看到,这模型是**复制品**在感知者"之内"发生,而非**感知复制品**。比如,关于一个红的三角形的印象的模型是一个**红的三角形复制品**,而非**看到一个红的三角形复制品**。后一选择的优点在于认定印象不是殊相。不过,它错误理解了模型在表述一个理论中的角色,因而错误地假定,如果模型的实体是殊相,那么靠这个模型引入的理论实体自身也必定是殊相——从而忽视了评注的角色。它认为这模型是看到一个红的三角形复制品，从而将思想语言的逻辑偷偷带入印象语言。因为，看到是一个需要思想框架的**认知**片断，将其当作模型就是支持印象同化思想和思想同化印象，这（我已指出）引起之于思想和印象的经典描述的很多混淆。

(2) **印象**是理论实体这个事实使我们能理解它们怎么会得以内在描述——那就是说，不只是用一个**限定摹状词**来描述，比如"其标准原因是在这种环境中看一个红的三角形物理对象的**这种**实体"或"那边看上去有一个红的三角形物理对象这种情境共有的**这种**实体"。因为，虽然一个理论中的谓词有意指归因于这个事实，即它们逻辑联系适用该理论解释的可观察现象的谓词，但是一个理论的谓词不是用这些观察谓词来简述关于属性的限定摹状词。当气体动力学理论说分子有**质量**，词项"质量"不是具有"……这种属性"这个形式的限定摹状词的缩写。比如，"关于一个红的三角形的印象"并不意指"红的三角形物理对象在标准条件下引起的这种印象"，尽管关于红的三角形的印象确实（**在逻辑上确实**）是红的三角形对象在标准条件下引起的。

(3) 如果印象理论是以真正符号逻辑的方式发展出来，那么我们就可以说，印象的内在属性被这一理论的公设"隐含定义"，就像我们可以说，亚原子粒子的内在属性被亚原子理论的基本原理"隐含定义"。因为，这只不过是以另一个方式来说，当我们认识到(a)一个理论词项怎么联系其他理论词项，以及(b)整个理论系统怎么联系观察语言，我们就认识到这个理论词项的意指。不过，我已指出，我们的原始行为主义者没有像教科书那样表述他的理论。他用一个模型来表述。

现在，模型实体是**确实**具有内在属性的实体。它们是（例如）红的三角形薄片。因此，似乎这一理论规定印象的内在特征是物理对象和过程的常见可感知性质。要是这样，这一理论肯定最终不融贯，因为它会归派给印象——它们显然不是物理对象——以（如果我到目前的论证是合理的）只有物理对象才能具有的特征。幸运的是，这条思路忽视了我们称为的模型评注,它限定、限制和解释这一模型的常见实体与引入的理论实体之间的类比。因而,这样假定是错误的:因为关于一个红的三角形的印象的**模型**是一个红的三角形薄片,因此印象本身是一个红的三角形薄片。可以说的是,关于一个红的三角形的印象**类比**一个红的三角形薄片,绝非整齐划一地得以规定。这一类比的**根本**特征是,种种视觉印象之间有一套相似和相异的方式,其在结构上类似种种可视对象的颜色形状相似和相异的方式。

(4)从这最后一点可能会推断,关于一个红的三角形的印象的概念是"纯粹形式的"概念,即关于一个只有靠"实指定义"才能得到一个"内容"的"逻辑形式"的概念。我们可以看到,为什么一位哲学家可能想这样说,为什么他可能会断定,只要关乎直接经验的概念是**主体间的**,它们就是"纯粹结构的",因为直接经验的"内容"是不可传达的。不过,这条思路只是所予神话的另一表达。因为,关于一个红的三角形的印象的理论概念与**任何**理论概念一样"没有内容"。虽然它和这些概念一样,必定属于一个逻辑联系可观察事实的语言的框架,但是理论语言与可观察事实的语言之间的逻辑关系与"实指定义"的认识论假象无关。

(5)前文指出,琼斯理论中的印象是感知者的状态,并非殊相。如果我们提醒自己,这些状态不是作为生理学状态引入的(参见第55节),那么就会出现几个有趣的问题,这些问题与之于世界科学图画的身份的反思(前文第39—44节)相吻合,遗憾的是,限于篇幅,只能概述。比如,一些哲学家认为,我们显然可以预料,随着科学的发展,行为理论中的**所有概念**将可以等同可在神经生理学理论中定义的词项,这些词项又等同可在理论物理学中定义的词项。重要的是意识到,至少这个预言的第二步要么是一个**常理**,要么是一个**错误**。若它默许重新定义"物理理论",使其意指"足以解释任何具有物理属性的对象(包括动物和人)的可观察行为的理论",它是一个常理。而若在其"足以解释物理对象的可观察行为的理论"的日常意义上来理解"物理理论",我相信它是错误。

例如，问**印象**与**电磁场**怎么组合就是问一个错误问题。这是混合**摩尔行为理论**（molar behavior theory）的框架和物理对象的**微观理论**的框架。正确的问题是，"在关于具有感觉能力的机体的**微观**理论中，什么对应关乎印象的**摩尔**概念？"我相信，我们在回答这个问题时会想到感觉材料论者们声称（通过分析）在常识话语空间发现的**殊相**（参见第 23 节）。我还相信，在描述这些殊相时，微观行为主义者得这样说："当之于一个人看上去好像那边有一个红的三角形物理对象，（从该理论的立场看）机体回应的就是这种殊相。"肯定不可以说，在日常意义上，这样一个殊相是红的或三角形的。不过，**可以**说的是，在常识图画中，物理对象是红的和三角形的，"关于"一个红的三角形的印象既非红的亦非三角形的，而在这个微观理论的框架中，具有感觉能力的机体的理论部分是这两种变项描述的时空蠕虫（Space-Time worms）：(a) 还描述**纯**物质对象的理论部分的变项；(b) 具有感觉能力的东西特有的变项；后面这些变项在这个新框架中对应常识框架中的物理对象的可感知性质*。这样的陈述才是下述想法的现金价值："物理对象不是真的有颜色；颜色只在感知者之中实存"和"看到一个物理对象的向面表面是红的和三角形的，就是**错将**一个红的三角形感觉内容当作具有一个红的三角形向面的物理对象"。这两个想法显然都将其实是根据一个设想的理想科学框架来尝试哲学批判物理对象的常识框架和关于物理对象的感知（参见第 41 节），当作好像就是可以在常识框架自身**之内**作出的区分。

62. 这将我带到我的故事的最后一章。我们来假定，琼斯在他销声匿迹之前给人类的最后贡献是将其感知理论教给他的同胞。就像之前的**思想**那样，他们首先使用印象的语言从适当的前提推出理论结论。

---

* 关于对关乎此框架的一些逻辑观点的讨论，读者应该查阅保罗·E·弥尔和威尔弗里德·塞拉斯的《层创概念》，载于《明尼苏达科学哲学研究》（Minneapolis：University of Minnesota Press，1956）第 1 卷，第 239—252 页。

(注意,印象语言中的理论陈述的证据将包含**那边之于我们看上去好像有一个红的三角形物理对象**这样的可内省的内在片断,也包含外显行为。)最后,他成功训练他们利用这种语言来**作报告**。即他训练他们(按照这个理论)当且仅当他们的确得到关于一个红的三角形的印象,说"我得到关于一个红的三角形的印象"。

这个神话再次帮助我们理解关乎某些内在片断(这里是**印象**)的概念可以原初根本上是**主体间的**,不能解析为外显行为征兆,也帮助我们理解这些概念的报告角色,即它们在内省(我们每人都特权享有自己的印象这个事实)中的角色,构成这些概念的一个维度,它**基于**且**预设**它们在主体间话语中的角色。这个神话还表明为什么这些片断的"私人性"不是传统困惑中的"绝对私人性"。因为,就像思想那样,外显行为是这些片断的证据这个事实嵌入这些概念的核心逻辑,正如气体的可观察行为是分子片断的证据这个事实嵌入分子话语的核心逻辑。

注意,在琼斯的指导下,我们的"祖先"习得的并非"只是另一种语言"——一种"便捷符号"或"代码"——使他们只能说他们用性质和实存的看上去的语言已经能说的话。他们的确习得另一种语言,不过,虽然它基于一个时空公共对象话语的框架,却具有一个自主的逻辑结构,而且含有对**那边之于我看上去有一个红的三角形物理对象**这样的事实的**一种解释**,而非只是**代码**。还要注意,虽然我们的"祖先"觉察印象,印象语言也体现一种"发现",即存在这种东西,不过,并非**先**觉察这些实体再量身定制印象语言,亦非先觉察分子再量身定制分子语言。

琼斯的精神还没死。因为,在第 61 节(5)讨论的微观理论中的殊相就是感觉材料论者的感觉内容和感觉领域的坚实内核。他设想了那个框架的总路线,甚至简述了它的一些区域,他教自己(在他的研究中)将其用作一种报告语言。遗憾的是,他弄错了这些理解的真义,(带有一种只有哲学家不能有的谦逊)将他自己对经验知识框架的创造性丰富混为对知识作这样的分析。他将其能观察到的殊相和殊相排列理解为**材料**,

相信它们是知识的先前对象,且从一开始就不知怎的已在这框架中。就是在这个**认定**动作中他提到**所予**。

63. 我已用一个神话消灭一个神话——所予神话。不过,我的神话真的是一个神话吗? 或者,读者难道没有意识到,琼斯不就是在从洞穴中的咿咿呀呀到会客室、实验室和书房中精妙多维的话语——亨利·詹姆斯、威廉·詹姆斯兄弟、爱因斯坦和哲学家们(他们为了超越话语到达一个话语之外的始基,已经给出了最为奇特的一维)的语言——这一旅行途中的人类自己吗?

参考文献[*]

1. Ayer, A. J. *Foundations of Empirical Knowledge*. London: Macmillan, 1940.
2. Ayer, A. J. "The Terminology of Sense Data," in *Philosophical Essays*, pp. 66 - 104. London: Macmillan, 1954. Also in *Mind*, 54, 1945, pp. 298 - 312.
3. Braithwaite, R. B. *Scientific Explanation*. Cambridge: Cambridge Univ. Pr., 1953.
4. Broad, C. D. *Scientific Thought*. London: Kegan Paul, 1923.
5. Campbell, Norman. *Physics: The Elements*. Cambridge: Cambridge Univ. Pr., 1920.
6. Carnap, Rudolf. *Introduction to Semantics*. Chicago: Univ. of Chicago Pr., 1942.
7. Carnap, Rudolf. "Psychologie in Physikalischer Sprache," *Erkenntnis*, 3: 107 - 42(1933).
8. Carnap, Rudolf. "The Interpretation of Physics," in H. Feigl and M. Brodbeck (eds.), *Readings in the Philosophy of Science*, pp. 309 - 18. New York: Appleton-Century-Crofts, 1953. This selection consists of pp. 59 - 69 of his *Foundations of Logic and Mathematics*. Chicago: Univ. of Chicago Pr., 1939.
9. Chisholm, Roderick. "The Theory of Appearing," in Max Black (ed.), *Philosohpical Analysis*, pp. 102 - 18. Ithaca: Cornell Univ. Pr., 1950.
10. Hempel, C. G. *Fundamentals of Concept Formation in Empirical Science*. Chicago: Univ. of Chicago Pr., 1952.
11. Linnell, John. "Berkeley's Critique of Abstract Ideas." A Ph. D. thesis submitted to the Graduate Faculty of the University of Minnesota, June 1954.
12. Paul, G. A. "Is there a Problem about Sense Data?" in Supplementary Volume XV of the *Aristotelian Society Proceedings*. Also in A. G. N. Flew (ed.), *Logic and Language*. New York: Philosophical Lib., 1951.
13. Price, H. H. *Perception*. London: Methuen, 1932.
14. Price, H. H. *Thinking and Experience*. London: Hutchinson's Univ. Lib., 1953.

---

[*] 参考文献为原作第 117—118 页原文。

15. Reichenbach, H. *Philosophie der Raum-Zeit-Lehre*. Berlin: de Gruyter, 1928.
16. Reichenbach, H. *Experience and Prediction*. Chicago: Univ. of Chicago Pr., 1938.
17. Ryle, Gilbert. *The Concept of Mind*. London: Hutchinson's Univ. Lib., 1949.
18. Sellars, Wilfrid. "Mind, Meaning and Behavior," *Philosophical Studies*, 3: 83–94(1952).
19. Sellars, Wilfrid. "A Semantical Solution of the Mind-Body Problem," *Methodos*, 5: 45–84(1953).
20. Sellars, Wilfrid. "Empiricism and Abstract Entities," in Paul A. Schlipp (ed.), *The Philosohphy of Rudolf Carnap*. Evanston (Ill.): Library of Living Philosophers (forthcoming). (Available in mimeograph form from the author.)
21. Skinner, B. F. "The Operational Analysis of Psychologcial Terms," *Psychological Review*, 52: 270–77(1945). Reprinted in H. Feigl and M. Brodbeck (ed.), *Readings in the Philosophy of Science*, pp. 585–94. New York: Appleton-Century-Crofts, 1953.
22. Wittgenstein, Ludwig. *Philosophical Investigations*. London: Macmillan, 1953.

导 读

罗伯特·布兰顿

下述记录是多年以来形成的,帮助我在匹兹堡大学的研究生和高年级本科生从文本细节看到塞拉斯的整体。它们只想提供对这份材料的初步看法,即表明这篇文章的结构和其深层思想的最为一般的轮廓。很多有哲学旨趣的问题和讨论为此略过。特别是,我刻意避开讨论真正深奥的问题——比如,有些人声称区分"红的"段落和"绿的"段落发现的哲学意义。本文的表述和描述没有意向具有决定性或权威性。它们想提供一个出发点来阅读这个丰富又困难的文本。

　　作这样一份文档的想法,以及末尾部分的记录,源于20世纪70年代我在普林斯顿读研究生时,理查德·罗蒂出于同样目的传阅的一份讲义。感谢我的同事约翰·麦克道威尔和我以前的学生丹妮尔·麦克白的很多建议和改进。不过得指出,当他们的评论就塞拉斯在(和应当在)说什么显示出重大分歧时——特别是与第二性质在场的报告相关的错综复杂的"看上去"的谈论,以及科学实在论涉及的种种论点和承诺——我坚持自己的解读。遗漏和犯下的其他错误都该只记在我的账上。

　　注释:《经验主义与心灵哲学》的章节编号在方括号中标示:[36]。在极少数情况下必须参考这篇导读的章节,我使用双括号:[[36]]。

第I部分　[1]—[7]
感觉材料论的含糊之处

　　第1节:塞拉斯称,他的规划是批评"整个所予框架"。他这样说不是想削弱我们(通常经过感知)非推论得出的判断与作为推论结论得出的判断之间的差异。的确,这篇文章的正面任务之一就是向我们表明,怎么理解非推论的报告又不会不知不觉地滑向塞拉斯称为"所予神话"的一系列哲学承诺。感觉材料论(他眼下的批判对象)重要,只是作为诉求所予的引人注目且富有影响的例证。我们得学会辨识以很多不那么明显的形式表现的这种诉求。

在开篇这几节中,所予神话以这个想法的形式出现:关于认识者的某种非认识事实可以**衍推**关于他们的认识事实①。关于认识者的认识事实首先是关于某人**认识到**什么的事实(虽然我们会看到,关于我们只**相信**什么的事实同样是塞拉斯意义上的"认识"事实)。笛卡尔的重大创新之一是用认识的词项定义心灵:说一个状态是**心理**状态,就是说**处于**那个状态衍推**认识到**我们处于那个状态(透明性,排除无知),和说**相信**我们处于那个状态衍推**处于**那个状态(不可修改性,排除错误)。心灵是**直接**知识的领域,不只在非推论的意义上,而且在这种更强的意义上:其发生以一种排除无知和错误的可能性的方式**给予**我们。[笛卡尔认为,如果有什么是我们间接(即靠表象它)认识到的,那么就有什么(某种表象)必定是我们直接认识到的,不然会陷入无限倒退。]塞拉斯将试着向我们表明,笛卡尔谈论心灵的方式源于混淆了认识项与非认识项之间的差异,以及它们在种种解释中可以扮演的角色。

最常见形式的所予神话模糊了觉识(sentience)和智识(sapience)的差异。这是(一方面)在仅**清醒**意义上的觉知(我们与非推论的动物——没有把握概念的动物——都有)和(另一方面)在一种涉及**知识**——或者

---

① [32]对基础主义的讨论表明,即使我们的基础被设想为认识的事实——如果认为认识到那些事实的能力不依靠推论能力,从而不依靠日常经验概念的习得——我们仍能承诺所予神话。

因为**是**一种知识，或者可以**证成**判断是知识——的意义上的觉知之间的差异。这个"想法，即一个关于一个红的三角形的感觉是经验知识的最佳范例"[7]是与这种混合相关的一个范例。所予神话认为可以有一种**觉知**具有两个属性。第一，它是或衍推得到某种**知识**——或许不是关于其他什么的知识，但至少是我们处于那个状态或那种状态的知识——处于某一状态的我们只靠处于那个状态就拥有这种知识。第二，它衍推，能得到那种觉知（即能处于那种状态）不预设习得任何**概念**——衍推我们能在独立于且先于（通常通过语言学习）把握或掌握任何概念的使用的意义上觉知①。塞拉斯批判论证的结论是，这两个特征相矛盾：只有有命题内容的且（因此）得到概念阐明的才能用于或（就此而言）需要证成，才因此奠基或构成知识。"除了另一信念，没有什么可以算作坚持一个信念的理由"，戴维森用这个口号表达这种思想。将其改为"除了另一可信项，没有什么可以算作认可一个可信项的理由"[这里，可信项是可能信念（即有命题内容的）的内容]会更好地体现塞拉斯的思想②。

塞拉斯用他称为"给予和索要理由的游戏"中的角色来理解有命题内容——它作为知识候选者是认识的。"在将一个片断或一个状态描述为**认识到**的片断或状态时，我们不是在经验描述那个片断或状态；我们是在将它置于理由的逻辑空间，即证成和能证成我们的话的逻辑空间。"[36]甚至将某项当作知识候选者，同样也是谈论它在**推论**中作为前提和结论的潜在角色。因为，塞拉斯认为，认识事实的一个至关重要的突出特点是，其表达式要求使用**规范**语汇，所以，将某项当作知识候选者也是提出其**规范**身份的问题。所予神话最终看上去"和伦理学中的自然

---

① 麦克道尔这样表述："所予的想法是，理由的空间（即证成或保证的空间）比概念范围更广"[《心灵与世界》(Cambridge, Mass.: Harvard University Press, 1994)，第7页]；那就是说，不要求运用概念能力的所予也能用于证成。
② 这样修改使得不是相信动作(believings)的有命题内容的可能会用作认识证成项——例如，使得**事实**可以扮演这个角色。

主义谬论一样"——试着从**是**推导出**应当**①。这是因为，谈论知识无疑就是谈论某人**承诺**什么(得到概念阐明的命题内容)和他在种种意义上是否**有资格**作出那些承诺。

第 2 节：这里，塞拉斯区分(一方面)感觉**到**(sensing)这个动作或片断和(另一方面)那个动作的内容，即什么**被**感觉到，它被称为感觉**内容**。当我们产生一头粉红大象的幻觉，这样就是感觉到，而感觉内容使之成为关于一头粉红大象的幻觉，而非(例如)关于一只绿的挪威鼠的幻觉。在日常感知中，必须小心区分被感觉到的内容和被感觉到的外部对象(它们在幻觉情况中完全不在场)。

第 3 节：现在，根据笛卡尔的模型来想一想，感觉到感觉内容是否适合作为知识和证成的基础。

有关知识基础的总想法可以简述如下。只有我们的信念不但为真而且**得到证成**(侥幸猜中不算)，它们才构成知识。一个断言或信念能证成与之推论相关的另一个。如果我们有正当理由承诺断言 p，且从 p 可能推出 q，那么，我们可能因此有正当理由承诺断言 q。这样说就是提出一种能沿袭证成的机制。不过，其思想是，并非**所有**得到证成的承诺都能从其他承诺推论沿袭那个身份。必须有得到正面证成身份的另一种机制来给这个沿袭机制以什么来传递。如果 p_1 从 p_2 沿袭其身份，p_2 从 p_3 沿袭，等等，那么，要么

在某一时刻重复一个断言(m＜n,某个 p_n 与 p_m 相同)，这样"证成"是循环的，

要么

从未重复，这样就产生一个无限倒退，每个 p_n 都具有一个未得到证

---

① "认识的事实能完全——即使能'大体'——分析为非认识的事实，这个想法……彻底错了——与伦理学中所谓的'自然主义谬论'一样的错误。"[5]这个主题很早就出现在塞拉斯的文章中。参见(例如)《心身问题的语义解答》，转载于 J·斯查编辑的《纯粹语用学与种种可能世界：威尔弗里德·塞拉斯早期文集》(Reseda, Calif.：Ridgeview Publishing, 1980)。

成的"证成项"的异常身份,直到无穷多其他断言得到证成,其自身才得到证成①。

结论是,必须有某种不必**得到证成**的**得到证成**的方式。我们应当区分两种意义的"证成",一种表明一个身份(得到证成),另一种指称拥有这个身份的过程(证成动作)②。那么结论是,除了在提供证成意义上的证成动作,还必须有某种得到正面证成身份的方式。除了推论沿袭,还必须有某种非推论得到这个认识身份的机制。

到现在为止,一切还算顺利。笛卡尔由这条思路断定,有一种被称为**基本**信念的断言或信念,在这些信念是推论流出所有其他信念的证成身份的施洗盆的意义上,生成所有其他信念的基础。不能这样断定,但塞拉斯也不会对此提出异议③。笛卡尔还相信,除非那些信念是确定的(最终的正面证成身份),否则(正如 C•I•刘易斯在《心灵与世界次序》中所说)根本不可能基于它们推论出信念。笛卡尔使哲学发生了一次决定性的认识转向,这至少在康德之前都与主体转向混淆。后者只是笛卡尔完成前者的古怪随意方式的后果。因为,他用其认识身份来定义心灵,通常称其具有主体的不可修改和域内全知。这个认识定义促使其内容结构类似**语句**的事件(比如,想到维也纳是奥地利的一座城市)同化其内容结构类似**图画**的事件(比如,想象或看起来看到一个红的三角形在一个绿的圆内)。

然后,回到将感觉到感觉内容用作知识基础的想法,大概是这样描

---

① 这一论证在很多方面显然过于简略。证成肯定未必是单个陈述——不过,允许前提集合会出现相应的两难。这一论证也忽视了这个事实:有一种推论倒退在很多方面类似于这个前提倒退,这两种倒退会以复杂且有意义的方式相互影响。
② 这是塞拉斯所谓的"声名狼藉的'动作'/'对象'歧义"的一个例证[24](另见[[35]])。
③ 参见[32]。现在,这一论证引起无效的量词颠倒(quantifier inversion)。从基础主义倒退论证直接推出的至多是,**每一**证成链条都有一个不必(通过诉求另一信念)**得到证成**的**得到证成**(具有正面证成身份)的信念。由此不推出,**有一种**信念,**每一**证成链条的终端都是那种信念。在一个语境中需要证成的信念可能在另一语境中用作未得到证成的证成项。比较:**每一**分钟都在某地有一个女人在那时生孩子。确实如此。由此**不**推出,**有一个**女人**每一**分钟都在生孩子。如果由此**确实**推出,那么,我们找到那个女人并且制止她就能解决人口过剩的问题!

画的一个过程：

在标准感知中，**因为**有一个具有八边形向面表面的红的对象在我面前，我才发觉自己感觉到一个红的八边形感觉内容。**因为**我得到这样一个感觉内容，我才得到这个非推论的信念，即有一个红的八边形对象在我面前。**因为**我得到这个信念，可能还有其他信念，我才有正当理由得到另一个推论的信念，即有一块停车标志在我面前。

关键在于"因为"的本性。第一个（箭头 1）可以理解为一个因果观念，可能是感知神经生理学学者研究的那种。它这样联系可以用非规范语汇描述的殊相。这是一种事实的、非认识的关系。另一方面，最后一个"因为"（箭头 3）指示这种塞拉斯称为"认识的"关系。它是一个推论观念，联系具有语句结构的信念（或可信项）（它们是可重复的抽象项）——理由问题而非原因问题。这个证成关系不是自然的，而是规范的；对此有最终决定权的不是经验科学家，而是逻辑学家或认识论者。

问题在于，中间的（箭头 2）是种什么关系？它是第一种（因果关系）还是第三种（推论关系）？感觉到感觉内容怎么联系（可能是基础的）非推论的信念？这里要区分认识的和非认识的，即用原因的语言说明的殊相与用理由的语言说明的可信项。

假定我们将感觉到一个感觉内容理解为在一个殊相（感觉内容）与另一殊相（在感觉的人）之间实存一种非认识的关系。（这是塞拉斯自己最终认可的立场。)要是这样,就很难看到感觉到一个感觉内容怎么会衍推或证成一个断言,例如,一个非推论的信念。因为只有具有语句结构的才能是推论前提,而非得到非认识地说明的殊相。因此,用感觉内容与感知者之间的非认识关系来理解的感觉到,不太适合用作推论沿袭的证成的最终根据。因为发生这种感觉到不衍推承诺某个断言,所以这是可能的:有一次发生却最终没有相信什么,也肯定最终没有认识到什么(因为后者要求正面证成身份)。因此,想诉求感觉到作为基础的基础主义者,似乎必须将感觉到一个感觉内容当作感觉行动者的一个认识事实。不过,要是这样,殊相变成什么了?

第 4 和第 5 节:感觉材料论者可以将感觉到当作认识的非推论信念,由此可以作出推论和沿袭证成身份,感觉到才能发挥它们的基础功能。要给被感觉到的心理殊相(感觉材料,即被设想为一种感觉对象的感觉内容)留有一个角色,那位理论家一定想这样说:"原始观念是相信感觉内容 x 具有特征 F。感觉到感觉内容 x 就是相信它具有某一(不管是什么)特征 F。感觉内容(它是殊相)是认识的感觉到的意向对象。"关于这个分析,一定要注意,认识的观念被预设,而非用一个所谓的得到先行理解的对于感觉到一个感觉内容的非认识的观念[认为是一个主体与一个感觉内容(两者都是殊相)之间的一种关系]来解释。事实上,塞拉斯相信,这种认识的向非认识的还原是不可能的,大体上也不行——尽管他的论证不会依靠这个断言。

第 6 节:现在引入另一考虑:所予的仰慕者设想的这种与物理世界处于被动因果关系的能力并非必须通过经验或训练**习得**。合适的机体只要清醒就得到它。不过,得到具有" x 是 F "这个形式的信念的能力需要将不可重复项或殊相归类为可重复项或共相。通常认为,归类能力是习得的,因为我们必须通过经验和训练学会类的界限。这条思路导致一个矛盾的三元断言组,感觉材料论者承诺也想要有资格作出

A. " S 感觉到红的感觉内容 x "衍推" S 非推论地相信(认识到) x 是

红的"。

B. 感觉到感觉内容的能力是非习得的。

C. 得到具有"x 是 F"这个形式的归类信念的能力是习得的。

如果放弃 A，感觉到感觉内容就变为非认识的事件，它至多是知识或非推论信念的逻辑必要条件，而非其逻辑充分条件。选用这条出路就是抛弃在[4]和[5]中贯彻的路线。如果放弃 B，感觉材料论者就必须要么断言当我们是婴儿的时候我们需要练习感受到痛、饿、痒等，要么断言感受到这些不是感觉到。不过，那什么是感觉到呢？如果放弃 C，就必须论述哪些普遍概念是天赋的（非习得的、与生俱来的、固有的）和哪些不是。这将要求较之当今天赋论者们（比如，乔姆斯基）要多得多的断言，因为像**红**和**高**这样的实质概念（而不只是语法形式）也得是天赋的。如果 A 是一种所予神话，塞拉斯会将其放弃。那么，他欠（而且将提供给）我们一个既关于思想和感觉亦关于知识（因果次序上的和证成次序上的）起源的新描述。

第 7 节：塞拉斯的诊断（尚不是对所予这个概念疾病的处理）是，这是两条思路混淆的结果，第一条源于试着给感知和得到经验信息提供一个科学描述，第二条源自试着根据前文对[3]的讨论中详细考察的笛卡尔模型提供一个基础的认识论描述：

1. 这个想法，即存在某些内在片断——例如，关于红或关于 C♯ 的感觉，没有任何在先的学习或概念生成过程，它们也能发生在人类（和野兽）身上；没有它们，在某种意义上就不可能看到（例如）一个物理对象的向面表面是红的和三角形的，或听到某一物理声音是 C♯。

2. 这个想法，即存在某些内在片断，它们是非推论地认识到某些项是（例如）红的或 C♯；这些片断为所有其他的经验命题提供证据，是经验知识的必要条件。

第一类由根据其因果角色拣选的殊相组成。第二类由根据其推论或证成角色拣选的具有语句结构的断言组成。塞拉斯会给这两个种的属(即**内在片断**)一种描述([45]开始)。他会将第一种称为"感觉印象",将第二种称为"思想",而且描述它们扮演的角色。最后,他会解释它们在人类知识中怎么联系。(我迄今在塞拉斯谈论知识的地方只谈论信念,是要强调非推论信念的**证成**或保证问题尚未讨论。)

这两条思路并行的结果是"这个想法,即一个关于一个红的三角形的感觉是经验知识的最佳范例"。该想法恰恰面临塞拉斯指出的那些相关困惑:

- 我们该认为相关的感觉是一种(三角形这样的)**殊相**,还是一种(语句这样的)**信念**?
- 这种得到经验知识的能力通过经验习得,还是先于经验?
- 它是在**因果**次序上还是在**证成**和证据次序上先于我们其余的知识?

第 II 部分　[8]—[9]
另一种语言?

第 8 节:这一节和之后两节(两节在原文中都标为第 9 节!)在某种意义上是题外话。[10]再次回到主线。这些题外话用来引入一些会在下文继续讨论的重要想法。这里的话题是,感觉材料论可能会采取一种形式来避免塞拉斯为之建构的两难:可得到非认识地说明的殊相对阵只可得到认识地说明的具有语句结构的前提。我们可能会完全放弃非认识的一边,接受基础的非推论信念一边。比如,艾耶尔认为感觉到感觉材料的谈论等值且源于物之于一个主体看上去是或看起来是怎样的谈论。提议有三部分:

a) 有一类非推论信念,生成我们其余经验信念的一个证成基础。[注意,这是回答前文[[3]]中简述的倒退论证的充分条件,尽管(那里表明)不是其必要条件。]

b) 对一种现象的三个套叠描述。首先，老生常谈：我可能误认为有一个红的三角形在我面前。我不可能误认为**看起来**有一个。其次，具体的一步：运用笛卡尔原理，即虽然显象必须与实在相区分，因为主体可能会弄错后者，不过，我们不可能也弄错前者，不然就会陷入无限倒退。最后，一个基础断言：(a)中提到的类由前束一个专业算符"现在之于我看上去……""现在之于我看起来……"或"现在之于我显象为好像……"的用来作感知报告的语句所表达的信念组成。

c) 根据定义，具有"S 得到（或觉知）一个是 F 的（比如，红的和三角形的）感觉材料"这个形式的语句等值具有"之于 S 看起来他感觉到 F 的某物"这个形式的语句。根据这个理解，没有殊相是感觉材料——给人留有截然不同印象的明显有指称的单数词项必须根据语境理解，比如"it is raining"中的"it"。

第 9 节（1）：这里，塞拉斯评论这个途径，然后给它提出一个两难。此评论考虑只是**属**的看上去。某物没有它看上去具有的确定边数，也能**看上去是**多边形的。不过，某物没有它具有的确定边数，不能**是**多边形的。（这个对比会在[17]探讨。）因此，允许我们在由(c)断言的等式引入的感觉材料谈论中作出的推论，不同于感觉材料论者对作为殊相的感觉材料的谈论许可的那些推论（由此作出上述"进一步确定的推论"）。因而代码是引人误解的。

第 9 节（2）：这一两难带来一个更严重的异议。如果感觉材料的谈论只是代码，那么（只要它不是引人误解的）它就是冗余的。那它有什么用？它不能**解释**看起来或显象。要不它就得是显象为的**理论**，用与某种殊相（即感觉材料）的关系来解释它们。[塞拉斯在[21]和[22]开始解释他对理论解释的看法。关于这个话题，我们接下来会在这篇文章的后半部分（[39]—[44]）听到更多。]不过，这会重新引入前文（[7]和[[7]]）的思路(1)——代码理论明确要避开它。由此认识到，那条思路并非完全错误。塞拉斯的描述给出一个显象为的理论，若恰当理解，会接受且调和(1)和(2)。因此(c)不能避开问题。不过,它让我们着眼于结合它的假定(a)和(b)。塞拉斯的结论是,这条思路已在步骤(b)承诺这个可能性:从只是关于物**看起来是**怎样的断言推出关于物实际**是**怎样的断言。不过,如果(正如(a)和(b)断言)所有的经验证据最终源自物看起来是怎样,那么这样一个推论显然不能得到经验(即用显象与实在的归纳关联)保证。另一选择似乎是找到一个定义还原,据此,"关于物理对象和感知者的日常话语(大体)可以由具有'那边看上去有一个具有红的三角形向面表面的物理对象'这个形式的语句来建构"。因为承诺(a)和(b)比承诺(c)要广泛得多,所以看到前者表达的看法错在哪里——为什么它们预设的还原是不可能的——非常重要。为此,塞拉斯转向"看上去"或"看起来"的谈论的逻辑。

第Ⅲ部分　[10]—[20]
"看上去"的逻辑

第 10 节:为了摆脱[6]中的三难,必须"考察这两个想法(在[7]和[[7]]中的(1)和(2)),确定每个中经得起批判的怎么相互恰当结合"。首先,考虑每个主体特权享有的内在片断这个感觉和思想共同的属。

(a) 逻辑实证主义者们否认会存在这种片断,因其实存不能在主体间得到证实或证伪。这是关于其他心灵的传统问题的根源,也是逆反色谱(inverted spectrum)的根源。要避免怀有这种不可证实的假定,我们可以拒绝想法(1)。

(b) 维特根斯坦和一些他的信徒批评(2),即内在片断可以是推论知识的前提,因为它们是私人的,脱离了公共话语和语言学习的网络(盒子里的甲虫和私人语言论证)。

塞拉斯两个都不赞同。我们后面会在"行为主义"标题下([54]—[55])再谈第一个。要避开其他心灵的问题和逆反色谱的可能性,我们倾向,就是学会正确使用"x 是绿的"时习得的回应倾向。不过,依照那些倾向得出的这两种评论支持完全不同的推论。特别是,领带商店的寓言故事表明,当我们在说某物只不过**看上去是**绿的,可以认为我们在做两件事情:表达我们将其称为绿的的非推论的越级回应倾向(用所有其推论结果和证成责任,承诺它是绿的这个断言),同时明确**抑制**我们对那个断言的认可。因为,有关在现行观察环境可能出现系统错误的附带信念,已经削弱这位报告者对他自己可靠性——即对从"X 非推论地倾向于报告(靠电灯看到)绿的某物在场"到"那(可能)有绿的某物"的推论的正确性——的信任。

这一对我们在使用"看上去"时的所作的分析,解释了"看上去"的谈论的不可修改性。我们会弄错是否某物**是**绿的,因为我们认可的断言(即我们担负的承诺)可能是不正确的。例如,它的推论结果可能与我们能或最终能独立认识到的其他事实相矛盾。不过,当我们在说某物**看上去是**绿的,我们不是在认可一个断言,而是在**抑制**认可它。这样一位报告者只不过是显示一个做他出于别的理由(例如,怀疑观察环境引起系统错误)不想做的事情(即认可一个断言)的倾向。这样一位报告者不会出错,因为他已经抑制作出承诺。这就是**看上去**、**看起来**和**显象**为算符不迭代的原因。它们的功能是表达抑制认可在算符范围内出现的语句。"看上去看上去是 F"与"看上去是 F"之间没有在"看上去是 F"与"(是) F"之间有的那种明显差异,因为第一个"看上去"已经抑制认可在我们可能会承诺(某物是 F)的范围内的唯一内容。第二个"看上去"没有再抑制。没有什么可收回了。因为断言"x 看上去是 F"不是在担负一个有命题内容的承诺——而只是在表达一个可以否决的这样做的倾向——不存在那个承诺(哪一个?)是否正确的问题。

塞拉斯因此解释了曾深深打动笛卡尔的显象断言的不可修改性。他用使用语词的实践——按照他的方法论的语言实用主义,把握相关显象概念就相当于这些实践——来解释。不过,我们一旦看到这不可修改性的根源和本性——用务实的、实践的、彻底非形而上学的语言来讲——我们也就看到它确实不适合用作一个我们其余(可能有危险的、可修改的)经验知识的认识论基础。因为，首先，关于物只不过**看上去是**怎样的种种断言的不可修改性就反映出它们的空洞：它们根本不是真的断言。其次，同样的论述向我们表明，"看上去"的谈论不是一个自主的语言游戏——即使我们不玩别的游戏也能玩的游戏。它完全寄生于作关于物实际是怎样的可能有危险的经验报告的实践。因而，笛卡尔利用了一个真实现象——显象断言的不可修改性，它反映**看上去**、**看起来**和**显象为**之类的算符不可迭代——却错误理解了它的本性，也因此错误地认为它能扮演它根本不适合的认识论基础的角色。

这个对"'看上去'的谈论的逻辑"的分析，以及随后对一种基础主义(它基于我们认识显象的不可修改性)错误的诊断，是塞拉斯批判笛卡尔主义的建构核心。它没有标榜是一个压倒性论证；因为它只能和其对于"看上去"的谈论的描述一样是有说服力的，别的选择总是可能的[①]。它

[①] "关于'看上去的谈论'的逻辑论证，有很多有趣精妙的问题我们没有篇幅展开。"[17]塞拉斯聚焦"看上去"具有的一种使用：第一人称的、非推论的使用。不过，他在这一节指出，"看上去"也具有第三人称的、(只)陈述事实的使用，比如，S'说："x之于S看上去是F"。这个描述简明概括了这些情况。在作这个断言时，S'在做两件事：归派给S一个非推论地报告x是F的倾向，她自己抑制认可x是F这个断言。用来作这个报告的语词不确定S'会归派给S认可还是抑制认可x是F这个断言(即S'认为她归派给S的倾向是导致认可，还是被S否决和抑制)。不难设计出确实标划这种区分的表达更有力且分辨更严格的使用。(同样的想法会解释视角转换造就的"看上去"或"看起来"的非无聊的迭代或嵌套的使用："之于S'看起来是x之于S看上去是F"等。)

乔·坎普指出"看上去"的其他使用，这些使用对于塞拉斯的描述更具挑战性。在这些情况中，我们使用"看上去是F"，却没有相应的使用未经修改的"(是)F"的实践。比如，在验光配镜师将瞳孔放大滴液滴入我的眼睛之后，我可能说："物看上去模糊不清。""模糊不清"不是表达物可能**是**的样子。它根本上是一个关乎意象或表象的表达式。以这种"看上去"的使用为中心和范例，有助于重新引入这个想法："看上去"的非推论使用是真正的报告，即具有显象本身的内在特征的报告。塞拉斯的支持者大概会认为"看上去"的这些"内在"使用反而是精深的新可能，源自这些中心使用，而且要用它们来解释。塞拉斯自己从未讨论过这个问题。

在1963年版的一个注释中，塞拉斯提出，我们可能会以一种对应齐硕姆区分非比较的和比较的"显象为"陈述的方式，来区分"looks F"和"looks to be F"。

想通过解释(不是为其辩解)走笛卡尔基础主义道路的诱惑的确切本性,来消除那个诱惑。

第17节:(这条思路在[22]完成。)我们开始为此寻找某种证实:"看上去"的谈论的两步描述表达一个作具体非推论报告的越级回应倾向,同时抑制认可那个断言。此证实采取不具有显象谈论令人困惑的特征的解释形式。考虑这三个语句:

(i)那边的苹果是红的。

(ii)那边的苹果看上去是红的。

(iii)那边看上去好像有一个红苹果。

这些语句的发声可以表达相同的报告一个红苹果在场的回应倾向,不过,它们认可那个断言的不同部分(为那个断言不同部分的推论结果负责)。(i)既认可苹果实存,亦认可其性质红。(ii)只认可苹果实存。"看上去"的用语明确撤销性质的承诺或认可。(iii)明确撤销实存和性质的认可。因而,如果有人断言那边其实没有苹果,他就是在断言什么与(i)和(ii)矛盾,但与(iii)不矛盾。如果他否认那边有红的某物,他就是断言什么与(i)矛盾,但与(ii)或(iii)不矛盾。塞拉斯用当我们怀疑我们的回应倾向有系统错误时的抑制认可来描述使用"看上去"的实践,这可以解释(i)—(iii)展现的认可范围的差别。不过,用感觉材料的方法怎么能解释那个差别呢?

在这一节,塞拉斯指出(相对于感觉材料论而言)他的描述的另一个优点,即报告只是**属的**(更准确地讲,只是可确定的)看上去的可能性。(记得塞拉斯已在[9]介绍此现象。)比如,一个苹果可能看上去是红的,而非它看上去具有某个具体色度的红(深红、猩红等)。一个平面图形可能看上去是多边的,而没有它看上去具有的具体边数(比如,119)。不过,若"看上去"的陈述被理解为关于一个**是** F 的殊相出现在心灵眼前的报告,那怎么理解这个可能性呢?殊相是完全确定的。一匹马有具体数量的毛发,尽管(塞拉斯指出)它可以**看上去**只是有"很多"毛发。它是一个具体色度的棕色(或几个色度),尽管它可能看上去只是深色的。那这种属的(只是可确定的)看上去怎么可能? 塞拉斯用认可范围来描述。我们说平面图形看上去是"多边的"而非说"119边",以免我们只想认可(负责证成)这个更一般的断言。这就是我们想在多大程度上相信我们的回应倾向的事情,即我们觉得它们应得或能维持的认识可信性的事情。殊相(即使它们是感觉内容)没有某一确定颜色和色度就不能有颜色。那感觉材料论者——他想说当某物之于 S **看上去是** F,S 之中的某项**是** F——会怎么解释这个事实:某物没有看上去是某一具体颜色也可以看上去具有颜色,或没有看上去是某一具体色度的红也可以看上去是红的?因此,塞拉斯用认可来描述"看上去"的谈论,这可以解释调用所予的理论不能解释的那种话语的两个方面:性质和实存的看上去之间的范围差异,以及只是属的或可确定的看上去的可能性。

第 18 节:然后,根据这个描述,我们必须首先习得报告红的对象(既得到适当回应倾向,亦理解我们作这样一个断言在认可的什么)的实践,唯有那时我们才能学会作表达那些倾向的报告,但对它们的认可却更谨慎。前一节的论证已表明,掌握必需的不同的认可会十分复杂。例如,我们可能分辨实存与性质的看上去和各个等级的可确定性。因而,要认识到何时某物**看上去是**红的,我们必须理解**是**红的是怎么一回事和大量别的东西①。此时我们可以看到,我们在[13]担心的语句为真,因为它不是**是红的**的定义,而是**标准条件**的定义。因为标准条件就是可以相信且应当完全认可我们的回应倾向的条件。有了这样一个定义,我们就能从经验上研究那些条件是什么了。

---

① 在这篇文章 1963 年转载补充的一个注释中,塞拉斯指出他的论述可以区分一个对应"绿的"的使用的**初步**概念——我们**不掌握**"看上去是绿的"的使用也能得到它——和一个进一步对应我们的使用的**更丰富**的概念——只有我们还掌握"看上去"的谈论才能得到它。这个评论会(像麦克道威尔一样)区分出对应**第二性质**的概念,因为掌握那些概念要求掌握相关的"看上去"的语汇——就像**绿**的可能是这样,而**巨大的**和(或许)**方**的不是。

第 19 和第 20 节：这两节回到习得掌握一个观察概念需要的种种能力的问题，该问题引起[6]中的三难。我们现在认识到，这些能力既包括有规则的回应倾向亦包括推论地更改认可的能力，分别是非认识的和认识的技能。认可要具有**概念**内容而要求的具体**推论**阐明至少将一个有限的**整体论**引入塞拉斯的图画：我们不能得到一个概念，除非我们得到很多别的与其推论相关的概念："根本在于，连得到更初步的[比如，关于**绿**的]概念都预设得到一套别的概念。"这将拒绝这个想法，"关乎可观察事实的基础概念具有经验主义传统的相互逻辑独立性"。这两节没有清晰地（甚至没有连贯地）叙述塞拉斯的论证，该论证在[33]—[37]有更尽如人意的复述，我们会在那里讨论它。

第 IV 部分　［21］—［23］
解释看上去

第 21 和第 22 节：[17]讨论认可范围的问题，它在[21]的第三段中得到处理。塞拉斯用看上去（lookings）和看到（seeings）的事件重述那个描述，而之前我们讨论由那些事件因果引起的报告。[22]的前两段和[21]的第三段继而初步描述某现象可以得到解释的两种方式之间的差异：

（i）从某一完全用可观察项（可以得以非推论报告的物）表述的经验概括演绎它。例如，诉求 PV = kT 这条规律，连同适合的背景条件，来解释气体样品的气压变化。

（ii）假定不可观察的实体，将现象涵摄那些涉及理论实体的规律。例如，诉求气体动力学理论，及其假定的分子和它们的相互作用，来解释气压变化。

这个讨论在这里其实也不合适，它只是下文（[39]—[44]）更详细贯彻的一条论证思路的深层铺垫。塞拉斯在这里确实提出这个即使在我们（在[17]）用认可范围理解了实存的、性质的和未限定的"看上去"陈述之后仍存在的重要问题,即这三种情况有什么共同之处?我们会看到,回答是:"关于红的感觉印象"。不过,那是一个直到这篇文章的最后([62])我们才能理解的回答。

第23节:这一节讨论这个问题:什么东西会真是红的。塞拉斯的断言是,只有物理对象会真是红的,除了在一个派生的意义上,否则连认为向面表面会真是红的也是错误的。现在的讨论不尽如人意,因为还没有感觉至上和归派文字的标准。下文的讨论再次得以预示,这次有关在[60]—[61]中的感觉的"关于红"(the 'of-red'ness of sensation)。

第V和VI部分(第[24]—[29]节)讨论英国经验主义对印象的处理。它们填补了塞拉斯的讨论的一部分历史背景,不过不是展开其论证的中心或根本。

第V部分　[24]—[25]
印象与观念:一个逻辑的观点

第24和第25节:讨论"关于……的感觉"的意向性。塞拉斯的看法是,笛卡尔因感觉和思想"关于"或"关涉"或指向什么的方式而错将两者同化。我要得到一个"关于"红的三角形的感觉,不必存在一个红的三角形,而我要得到一个"关于"金山的思想,不必存在一座金山。不过,这是表面的相似,因为这种关涉性在两种情况中其实截然不同。同等重要的同化动机是(塞拉斯这里没有提到)不可修改性和透明性,即给予感觉报告和思想报告的认识特权。塞拉斯在这里指出**经验**概念的"声名狼藉的'动作'/'对象'歧义"。

第VI部分　[26]—[29]
印象与观念:一个历史的观点

第26节:不靠某种所予神话就不能说明逆反色谱的问题。

＊　＊　＊

第 27 节：经验主义者洛克、贝克莱和休谟的一个中心认识论问题被认为是：如果我们会觉知完全**确定**的感觉可重复项，我们怎么会也觉知**可确定**的感觉可重复项。除了没有可单独说明的差别因素，确定的/可确定的和种/属一样。颜色是典型例子：猩红是一个更确定色度的可确定颜色红，就像红是一个确定的可确定颜色。

第 28 节：英国经验主义者们"……都理所当然地认为，人类心灵天生能觉知某些确定的分类——确切地讲，我们只靠得到感觉和意象来觉知它们"。那就是说，他们不曾问一个相关问题，即如果我们能觉知具体的不可重复的**殊型**感觉内容，我们怎么能也觉知它们的可重复的**普型**，即使是最确定的那些。

第 29 节：塞拉斯就此论证他所谓的"心理学的唯名论"（不是最好的名称），据此，所有关于（无论是确定的还是可确定的）可重复项的觉知都是语言的事，因而在我们对语言习得和运作的描述中可以不预设它。塞拉斯在提议一个语言的、社会的觉知理论。他用这个词项考虑的不只是清醒（非熟睡）：他考虑在**智识**而非**觉识**意义上的觉知。它是归类觉知，即觉知到某物是某物。不过，并非所有归类动作都是觉知动作。前文[[16]]指出，具有越级回应刺激的稳定倾向的一切都会被认为是按照那些刺激引出的可重复回应来归类这些刺激。一只被训练在其环境中越级回应红物的鹦鹉没有表现出塞拉斯在解释的这种觉知。这样的觉知（具体地讲是**概念**觉知）不只要求清醒和靠越级回应来作归类。

第 VII 部分　[30]—[31]
"意指"的逻辑

第 30 节：其对前语言觉知的描述使习得语言可能的人，都赋予了它一个推论结构（塞拉斯说"逻辑的"，不过，那就是 20 世纪 50 年代的

"概念的"，塞拉斯认为能在语法上将其分析为"推论的"），并且都承诺所予神话。这样的概念觉知不但含有归类，而且使这些归类在推论中有意谓。就在此时事实陈述被作出，即殊相被指称和归类为共相。根据这种塞拉斯反对神话的描述，概念内容得到推论阐明。不过，推论是一个只在"给予和索要理由的游戏"内产生的过程，它根本上需要信念。这是一个规范领域，含有断言的承诺和资格，即认可和证成。塞拉斯一直称之为"认识的"。神话就是认为一切都可以内在地、自然地或必然地对这个领域有一个具体意谓，即不依靠它对其有那个意谓的人习得或利用概念。传统设想的觉知动作——因为衍推有完全信念一样的什么用作经验知识的最终推论根据（更不要说它们构成知识）——得具有这样一个特征。

第31节：因此，学会一个意指不应当被理解为协同我们已觉知的某项和一个言语符号。但"（德语中的）'rot'意指 red"这种陈述通常不是这样理解吗？除了理解为表达在我们觉知这个可确定的可重复性质和语词"rot"之间的协同，塞拉斯还会怎么理解这个语句？他的回答是，这种意指断言其实断言被提及的表达式（"rot"）与被使用的表达式（"red"）扮演相同的概念功能角色。"这些考虑表明……关于语词'red'与红物的确切联系方式，根本不能从语义陈述'"red"意指红这个性质'的真推论出什么。"

第 VIII 部分　［32］—［38］
经验知识有一个基础吗？

第32节：这里描述另一个错误的基础主义解释。塞拉斯只是不赞同这个解释的一小部分，尽管它非常重要。基础主义断言，有一个关于具体信念的结构：

（1）每一个信念都是非推论地得出的。

（2）（1）中的信念不预设其他信念，无论是具体的还是一般的。

(3) 这些非推论地得到的信念构成所有事实断言申诉的最终法庭。

塞拉斯接受(1)和(3)，但否认(2)。他此时的规划是表明，一小部分知识(信念)怎么会(确切地讲它们都怎么)预设其他知识(信念)，即使它们不是从其他知识或信念推论而来。经典认识论传统不曾认真考察这个可能性。它是塞拉斯拒绝的某幅关于**理解**的阶层图画(这一层是相信的必要条件)。他不反对关于**证成**的阶层图画，只要那幅图画适当脱离有关信念本性和习得的不合理的基础主义。

塞拉斯认为，如果我们说的非推论的信念是我们不把握它与至少一些其他信念的推论联系也会得到的信念，那么就不存在这种信念。因为，理解一个语句，即把握一个命题内容(得到一个信念的必要条件)，就是将其置于理由的空间，即赋予其一个在给予和索要理由的游戏中的推论角色，比如衍推一些其他内容，与另一些相矛盾。一个非推论的报告或信念只有在这个意义上可以被恰当地称为"非推论的"：报告者对一个根本上得到推论阐明的内容作出的承诺是在这个场合非推论地引出的——那就是说，它是作为一个对某一非语言的、非认识的环境作出的回应，而非作为对另一信念或断言的回应引出的。非推论的信念不生成一个自主的推论阶层：不会有语言游戏完全由非推论的报告组成。(注意，较之于前文"看上去"的谈论的相关断言，这是一个更强的断言。因为这个断言涉及**任何**种类的非推论报告，无论它们报告的是内在的还是外在的，即是显象还是经验实在。)某个语句要有非推论的使用，一些语句就必须有推论的使用。因为，一个语句表达的概念内容(即相信的对象)根本上有可能成为推论的一个前提和一个结论。除非我们能将非推论习得的信念用作导出其他信念的推论前提，否则习得它们根本不算习得**信念**(即有命题内容的什么)。根据这幅关于概念内容的推论主义图画，我们不得到很多推论关联的概念就不能得到一个概念。这不是说不会有一种语言只由代表可观察项的表达式组成。因为关于可观察项的概念是具有非推论(即报告)使用的概念。这只要求能用来作非推论报告的概念也必须能得以推论运用,比如推论结论(其前提是其他概念的非推论运用)。

塞拉斯首先问及非推论信念的**权威性**(一个明显的规范观念)的本性,即它们证成其他断言的能力。首先需要区分语句**普型**和语句**殊型**:普型可重复,可在不同场合得到例证,而殊型不可重复。它是语句在具体场合的语句发声或书写。因此,若将该区分用于字母而非语句,"aeaaeea"这个序列就含有两个字母普型和七个字母殊型,一个普型四个字母,另一个普型三个字母。现在可以看到,问题在于语句殊型的证成。因为,虽然有一些语句(如果它们真得到证成)每当它们成为殊型都得到证成,比如"2 + 2 = 4"和"红是颜色",不过,还有其他语句在一个场合能得到证成(且为真)而在另一场合没有得到证成或不为真。那么,只有殊型而非普型可以说得到证成。像"那辆车是红的"或"我现在饿了"这些语句,它们含有由语句成为殊型的现实环境来确定指称的语词。这些被称为"反身殊型"表达式。前文(1)—(3)中推定描述的很多(即使不是全部)非推论信念是反身殊型。权威性或可信性(正面证成身份)要么是外在的,来自别的什么(这种情况是靠推论沿袭),要么是内在的。内在可信性可以协同普型,比如"所有单身汉是没有结婚的男子"这样的意指分析陈述,也可以协同殊型,比如"这是红的"(或"这看上去是红的"——考虑到塞拉斯对"看上去"的描述)。

第 33 节:塞拉斯现在考虑一条思路,据此,内在可信的普型和内在可信的殊型(即分析断言①和观察报告)相似,因为它们都是这样的普

---

① 在《经验主义的两个教条》中,蒯因反对意指分析断言(即只靠其语词的意指为真的断言)的观念,其宽泛的实用主义理由是没有可实践辨明的身份对应这个所谓的范畴。所谓的分析断言,比如"所有单身汉是没有结婚的男子",并非免于修订、被先天认识,或异于关于最一般事实的陈述(比如"存在黑犬")。塞拉斯接受分析性,他将其协同具有反事实稳健性(counterfactual robustness)的实践身份。这条思路将我们的概念和我们认为的自然规律联系起来(参见塞拉斯的《有关规律且没有它们就无法想象的概念》,载于《纯粹语用学与种种可能世界》,以及《反事实句、倾向与因果模态》,载于赫伯特·费格尔、迈克尔·斯克里文和格罗弗·麦克斯韦编辑的《明尼苏达科学哲学研究》第 2 卷,第 225—308 页[Minneapolis: University of Minnesota Press, 1958])。要这样想,分析断言既非免于修改亦非被先天认识。

型：它们**正确**地成为殊型（即按照所有部分表达式的使用**规则**成为殊型）是它们为真或得到证成（从而不只是被相信还被认识）的一个充分（不只是必要）条件。塞拉斯可以容忍这一切，除了关于规则的一小部分。他会拒绝的想法是，分析陈述靠推论定义（用其他语言表达式定义一个语言表达式）为真，而观察报告靠实指定义为真。我们只能给"红的"这样的词项作实指定义。它们包括通过展示这个表达式适用的事物样品（指向红的对象）来定义它。常见的基础主义无限倒退论证可以用来表明，并非语言中的所有表达式都能推论定义，不然会陷入循环或无限倒退（两种情况都没有达成定义）。因此，语言中必须有实指定义。这些定义就像推论定义一样，为其定义的表达式的适当用法制定规则。正如遵守那些规则是分析陈述为真的充分条件，遵守实指定义的"规则"也是观察报告为真的充分条件。（这种规则可能看上去像[13]中的定义。）塞拉斯不赞同这一点。只有我们得到关于绿的前语言觉知（即神话）的某一观念，我们才能想象遵守"这""是"和"绿的"的使用规则。塞拉斯认为，实指定义制定"绿的"的使用规则，这样说是不融贯的，因为没有语言可以陈述这种规则。实指定义确立实践；它们是有规则的，却不是规则支配的①。

第 34 节：非推论报告的权威性依靠言语执行表达的非言语（从而是**非概念**）觉知的片断，这个观念是神话的一个形式。在塞拉斯看来，这样片断是大象下面的巨龟。

第 35 节：塞拉斯在这里提出他的替代看法。它首先评论"……一个绿项在场时的'这是绿的'的殊型……表达观察知识[仅当]它体现一个发出'这是绿的'的殊型的趋向——已知某一'场景'（即附带的承诺和

---

① 这个差异，以及要有某种意义——在这种意义上，实践（语言实践是典型）可以受规范支配，即使不能说它的实践者是在遵守规则——是塞拉斯在他的重要文章《关于语言游戏的一些反思》（转载于《科学、感知与实在》[London: Routledge & Kegan Paul, Ltd., 1963]）中的话题。

环境的语境)当且仅当在标准条件看一个绿的对象……"。那就是说，它必须表达一个可靠的越级回应倾向。不过，光电管和鹦鹉可以满足这个条件，这表明现在只具体说明了观察报告的回应倾向部分。仍要补充条件来描述认识的部分，即认可，担负得到推论阐明的承诺，作出一次具有一种独特权威性的执行。

报告要具有知识的权威性，不但必须**是**可靠的，而且必须**被认定是**可靠的。事实上，塞拉斯断言，报告者必须**认识到**它是可靠的(他可能要求过高)："……感知者必须认识到'这是绿的'的殊型是绿的对象在视觉感知的标准条件下在场的征兆。""证成"具有"动作/对象"的歧义(参见[24])：证成动作(justifying)是一个实践活动，而证成对象(being justified)是一个规范身份。塞拉斯断言，仅当可以通过参与证成活动来兑现之于权威性和认识特权的索要，我们才能得到这个身份。实践先于身份，这个断言是塞拉斯支持的一种具体的实用主义。非推论的报告者与光电管或(被训练在温度上升时发声"变暖了"的)鹦鹉之间的差别不在于其回应倾向的可靠性或水平。而在于报告者能通过(若受质疑)给予其理由证成断言，来兑现担负的承诺，即报告索要的权威性。现已常见的基本观点是，报告者要算是作出了一个断言(表达一个信念)，除了有正确的回应倾向，还必须在"给予和索要理由的空间中"。这里提出的进一步断言是，一个非推论的报告要表达知识(或它表达的信念要构成知识)，报告者必须能通过展示其理由来证成它。这就是说，报告者必须能将其展示为一个推论的结论，尽管这承诺起初并不那样产生。

相关的推论是可能会被称为的"可靠性推论"。我们通过指出我们非推论地倾向于将**红**这个概念用于它，而且指出我们在这些环境中是红物的可靠报告者，来证成一个非推论引出的报告(即某物是红的)。说我们是可靠的，就是说从我们倾向于称某物为红的到它现实是红的是一个好推论。因而，我们的越级回应倾向的可靠性(连同报告是运用那些倾向)证成报告(给报告提供好理由)。在坚称报告者必须能给相关信念提供一个推论证成才可以说得到知识时，塞拉斯是在认可一个认识论的内在主义，这使他与新近出现的认识论的可靠主义的外在主义者们相冲突。他们断言，知识的传统证成条件的真正功能是排除**偶然的**真信念。要是这样，只要坚称候选信念源于可靠的信念生成机制（即很可能导出真理的机制，不管报告者是否认识到它们是真理），就有充分理据来参与评价种种信念是否算作知识。生成我们能证成的信念看起来就是其中的一种可靠机制。

当然，从塞拉斯的观点来看，不能从这条思路断定我们可以将推论证成整体换作可靠的信念生成。因为，我们在生成的是**信念**（即我们在做的是在运用**概念**），这是它们的具体**推论**阐明——它们在给予和索要理由（证成和要求证成）的游戏中的角色——的问题。不过，在**推论**实践的背景下，看不出为什么塞拉斯会抵制可靠主义者的建议。为什么这是不够的：知识**归派者**认识到报告者是可靠的，即知识**归派者**认可从报告者非推论地运用**红**这个概念的回应倾向推论物（很可能）是红的？为什么报告者自己得能为她的非推论报告提供推论证成？（这是上面第二段开头括号中给出的条件背后的思想。）

第 36 节：其寓意在于，正确的看法是，"除非我们还有很多其他知识，否则我们不会得到关于任何事实的观察知识"。这不是说，观察报告不知怎的终究源自推论，而只是说，它们（尽管是非推论的）必须可证成为得到证成的。错误的看法认为，应就怎么拥有知识给出因果描述，不过"……在将一个片断或一个状态描述为认识到的片断或状态时，我们不是在经验描述那个片断或状态；我们是在将它置于理由的逻辑空间，即证成和能证成我们的话的逻辑空间"。因而，无关证成的一切（要么无关认识到什么是证成，要么无关有资格作出证成）都是非认知的因果前件，它可能是经验知识的一个必要条件，却不是构成它的一个必要条件。这个一般观点也不仅仅限于知识的规范的、认识的身份——尽管塞拉斯没有指出这一点。他本来也可以说，在将一个片断或状态描述为**相信**或

运用概念或**把握命题内容**的片断或状态时,我们不是在经验描述那个片断或状态,而是在将它置于理由的逻辑空间,即证成和能证成我们的话的逻辑空间。因为,只有得到推论阐明的才是有命题内容的(从而算作一个可信项或可断言项)。不过,我们在前一节中看到,塞拉斯确实还想坚持,我们不能非推论地**认识到**某物是绿的,除非我们也**认识到**我们是现行环境中绿的物的可靠报告者。

第37节:塞拉斯认可的这个看法似乎含有一个无限倒退。因为,若非我们预先已得到关于"这是绿的"和"这是'这是绿的'的一个殊型"这样的事实的知识……我们怎么会认识到"这是绿的"的殊型是可靠征兆?① 塞拉斯的回答是,我们可以同时得到关于这三类事实的知识,而不是我们可以认识与在我们得到任何这知识之前发生的事件相关的事实。因而:"……它只要求这样说是正确的:琼斯现在认识到(因而记得)这些具体事实确曾存在。它不要求这样说是正确的:他在这些事实存在时认识到它们存在。这样,倒退就不复存在。"比如,六岁的幼儿能认识到他们四岁时——在可靠回应的意义上——曾看到火,尽管他们四岁时只能像鹦鹉那样说"火",没有认识到存在火②。其重要差别不在于回应倾向,而在于认可能力。六岁的幼儿已进入给予和索要理由的空间;他能承诺断言,可以认为他具有权威性;他为他担负的断言负责。因此,他必须至少能诉说他借此承诺什么和使他有其资格的证据是什么,即他必须理解他的断言。不过,那还是不够。因为,这个新的规范身份是社会授予的。非认识地描述候选报告者不足以授予该身份,除非且只要授予该身份(将个人当作负责任的、可靠的,等等)的共同体认为它足以如此。比较,达到法定年龄第一次能担负契约责任。这个身份在于共

---

① 注意,假如塞拉斯认可前文[[35]]提供给他的经过修改的外在主义,他就未必面临这个问题。

② 塞拉斯在1963年版中评论这个观点,说他的想法是,我们可以得到关于一个我们在其发生时还不可以概念化的过去事实的直接(非推论意义上的)知识。

同体对它的承认。虽然一些未成年人在履行其担负的承诺方面比很多二十一岁以上的人更可靠,不过,这个事实没有使他们的签字意味着他们已订立契约。就是这样"光逐渐照亮整体":某个时候,我们充分掌握(推论的和非推论的)变动,我们的共同体会认为我们的声音具有作断言、担负承诺、给予理由的意谓。

第 38 节:只有在这个意义上经验知识没有基础:在这个意义上观察报告(它们在某个意义上是其基础)本身(不是推论地,而是在**理解**次序上,有时在证成次序上)基于其他分类的知识。观察报告,无论是关于内在片断的还是关于外在事件的,都不构成语言的一个自主阶层——我们尚未掌握任何表达式的推论使用也能掌握的游戏。那就是说,塞拉斯只拒绝[32]中考虑的三个基础主义论点的断言(2)。不过,在这个意义上无需一个基础:"经验知识是理性的,不是因为它有一个基础,而是因为它是一项自我调整的事业,能让任何断言处于危险之中,尽管不是同时让全部断言如此。"

第 IX 部分　[39]—[44]
科学与日常用法

第 39—44 节:塞拉斯这里简述他的科学实在论。塞拉斯加入该讨论是因为,如果以相反的、实证主义的方式来看科学,那么认为内在片断是理论实体(他即将引入这个观念)就不融贯。比如,[41]断言"科学是万物的尺度……",这是一个对科学语汇表述的断言的权威性(相对于其他语汇表述的断言的权威性)的看法。[43]简要指出实证主义的看法。按照实证主义的方案,有一种表述材料和表达实验结果的观察语言。我们直接认识到的只是观察对象(观察报告是[33]中的 *Konstatierungen*)。按照这个描述,引入理论语言是为了系统化我们的观察结果,方便预言和控制。不过,理论假定的对象是虚拟的,只是表达和系统化观察结果的计算手段或工具。理论是工具，不该认为它们的断言衍推它们假定的对象实存。塞拉斯指出，只有认为观察本身是所予而非学得（用以作报告的）概念的结果的人才会被这幅图画诱导。一旦抛弃它，另一种思考理论的对象、概念和可观察的对象、概念之间差异的方法就映入眼帘。

按照塞拉斯的看法，纯粹理论对象与可观察对象之间的差异是**方法论的**，而非**存在论的**。那就是说，理论对象和可观察对象并非不同种类的东西。它们的差别只在于我们会怎么认识到它们。理论对象我们只能**推论地**认识，而可观察对象还能非推论地认识；理论概念我们只能有资格将其用作推论结论，而关于可观察项的概念还有非推论的使用。不过，在我们只能推论认知的与我们还能非推论认知的之间的界限会随时间而变，例如，当新工具出现的时候。比如，当冥王星一开始被假定来解释海王星轨道的微扰，它是一个纯粹理论对象；我们关于它能作出的断言只是推论结论。不过，更强大的望远镜的出现最终使它能得以被观察，因而使它成为非推论报告的对象。冥王星不曾经历存在论的改变；改变的只是它与我们的关系。（注意，这个关于理论实体的实在论不衍推在科学高于其他种类的认知活动这个意义上的科学实在论，尽管塞拉斯通常一起讨论这两类断言。）

有人可能会反对这个看法：在提出理论实体的存在论身份问题时，它们只是被想成在原则上那时恰巧超出我们的观察能力的对象。它们在一个强得多的意义上被认为是**不可观察的**：永远的且原则上的不可观察。不过，塞拉斯否认有什么在这个意义上是不可观察的。可观察的就是可非推论报告的。可非推论报告只要求有这样的环境：报告者们在其中能通过运用回应相关对象的可靠越级倾向（因果维度）来运用相关概念（得到推论阐明的认可的维度），而且认识到他们在这样做。在这个意义上，训练得当的物理学家能**非推论地**报告 μ 介子在气泡室中在场。在"观察"的这个意义上，没有实在在原则上超出了观察范围。（的确，在塞拉斯的意义上，掌握非推论地运用规范语汇的可靠越级回应倾向的人，会直接观察到规范事实。就是在这个意义上，才可能会说我们不只是能**听到**别人发出的声音，还有他们的**语词**，确切地讲，**他们在说什么**——他们的**意指**。）

我们一旦看到，观察并非基于某种原始的前概念觉知（大象下面的巨龟），这个事实——一些观察报告比其他的危险，当我们遭受质疑时，有时退回到可以推论出原始报告的较安全报告——就不会诱导我们认为原始报告其实是从那些基本的或最小的观察推论出来的。如果要物理学家证实他关于 μ 介子的报告，他就会引用气泡室中独特的钩状雾化尾气来证成他的断言。这也是可观察的，在适当的环境中可以从此推论出 μ 介子的在场。不过，那并不是说，原始报告根本是一个推论的结果。它是运用一个契合一整串可靠的共变事件——包括 μ 介子、钩状雾化尾气和视网膜映像——的可靠越级回应倾向。使之成为关于 μ 介子的报告而非关于钩状雾化尾气或视网膜映像的报告的是，物理学家非推论运用的概念的推论角色。（例如，它比手指小**得多**是某项是 μ 介子的一个结果，它**并非**从某项是钩状雾化尾气推出。）如果 μ **介子**是物理学家非推论运用的概念，那么，若他足够可靠，没错的话，那就是他**看到**的。当出现问题时，他退回到关于钩状雾化尾气——它的在场给原来的非推论引出的断言提供好的推论理由——的报告，就是退回到在这个意义上较安全的一个报告：较之于 μ 介子，他是之于钩状雾化尾气的**更**可靠的报告者，能可靠报告具有某一形状的雾化尾气需要的训练也较少，因而那是一项更广泛共有的技能。不过，这个事实——能提供一个推论证成，且准备索要一个推论证成——和这个相应事实——我可能在各种环境中被责成通过调用我作为之于这些环境中的红物报告者的可靠性（由此，连同我将其称为红的的倾向，可能推出原来非推论认可的断言），来支持我将某物报告为红的——都没有动摇原始报告的非推论（真正的观察）身份。

第 X 部分　[45]

私人片断：问题

第 45 节：塞拉斯首先提出这个他在本文余下部分来回答的问题："怎么（理解）关于**看到那边一个对象是红的**、**那边一个对象之于我们看上去是红的**（其实它**不是红的**）和**那边之于我们看上去好像有一个红的对象**（其实那边根本**没有对象**）的经验之间的相似。我们曾看到，部分相似在于它们都包含那边的对象是红的这个……命题。不过，除此之外，肯定还有很多哲学家曾试着用**印象**或**直接经验**的观念来阐明的一部分"。塞拉斯对这个问题的回答直到[62]才完全结束。

接着，塞拉斯总结[32]—[38]（他的认识论讨论的实质）：因为，我们现在认定，我们并非因为觉察那类什么才得到关于什么的概念，而是得到觉察一类什么的能力已经是（而且不能解释）得到关于那类什么的概念。因为，觉察某物——在有关智识（而非纯觉识）评价的意义上觉知它——就是运用一个概念（即作关于它的一个非推论判断）来回应它。因此，直到我们得到"绿"这个概念，我们才能觉察或觉知绿的物，尽管我们能越级回应它们——显然不是运用**绿**这个概念。这篇文章的题目是"**经验主义**与心灵哲学"，不过，塞拉斯从未直言不讳地告诉我们他对经验主义的态度。我们可能会被（比如）他在[6]讨论经典感觉材料论的矛盾三元承诺时作出的评论误导，认为他认可它。因为，在那儿他只是说放弃它将"违背经验主义传统中占主导地位的唯名论倾向"（他在[24]—[28]更详细讨论了这些倾向），就摒弃了这个拒绝这组三难的第三个要素的选项。不过，将该评论解释为**塞拉斯**认可他这里调用的经验主义的唯名论倾向，就弄错了该评论在其论证中的角色。常常很难分辨塞拉斯何时在讲自己的观点，而这就是他没在讲的其中一次。承诺这个经验主义信条的是经典感觉材料论者，不是塞拉斯——尽管（就在下文会看到）

他事实上确实和经验主义者都相信"得到具有'x 是 F'这个形式的归类信念的能力是习得的"。

其实,我们此时可以看到,整篇文章的主要任务之一是逐步废除经验主义。因为传统经验主义依靠非言语、非概念觉知的片断,它们既被用作靠其生成和把握概念的抽象过程的原料,也被用作我们对于那些概念的基层(非推论)运用的保证。(比较[34]。)这整幅图画根本依靠所予神话。塞拉斯自己的看法是一个他在别处喜欢称为"理性主义的"看法①:有意识的经验预设经验者已得到概念,因此不能解释概念习得。塞拉斯用这一断言,和《人类理解新论》的莱布尼茨站在一起,撰文批判他的洛克标靶。塞拉斯在这篇文章余下部分的任务是证明,我们一旦**既**拒绝笛卡尔主义**亦**拒绝经验主义,认定两者都依靠所予神话,心灵哲学怎么会理解内在片断。

经典的前康德理性主义者们(他们一路走来最终意识到,觉知在将我们与前理性的动物区分开的意义上预设拥有概念)认为那个断言承诺将概念当作**天赋的**——或许并非所有概念,但至少是最基本或最一般的概念。塞拉斯表明并非如此。因为,他表明怎么将

a) 可靠的越级回应倾向,因果契合事物;

和

b) 概念的推论使用,实际用于那些事物,

(其中**每一个**都能单独习得)结合来得到有意识地概念觉知事物的能力。他向我们表明怎么用那些要素来建构**非推论**引出的报告(其中,概念被运用于因果引出这些报告的事物)。这样,他可以通过一条不预设关于红的物和绿的物的前概念觉知的道路(尽管它确实要求分辨它们的前概念能力,从而学会可靠地越级回应它们),来解释怎么会习得**红**和**绿**这样的概念。因此,他可以赞同经验主义者(却不沉溺于他们的"唯名论倾

---

① 例如在他的重要文章《推论与意指》中,转载于《纯粹语用学与种种可能世界》。

向"——参见[24]—[29])他在[6]中所说的"得到具有'x 是 F'这个形式的归类信念的能力是习得的"。在这篇文章的余下部分,他会相应地论述**思想**和**感觉印象**这些概念,到我们直接(非推论)觉知它们的能力结束。

他此时的问题是,如果这个理性主义的"心理学的唯名论"①是对的(塞拉斯坚持它是对的),那么我们怎么会想到内在片断?笛卡尔认为这个问题的一个令人满意的回答是,我们就靠得到内在片断才产生这想法。不过,这作为我们觉察(觉知,即相信我们得到)它们的一个充分条件现在必须被拒绝,因为那就是神话。经验主义者认为,通过从我们不管怎样已经觉知的思想和印象抽象,我们可以得到关于思想和印象的概念。那也是一种神话。"总之,我们面临这个一般问题:理解怎么会有内在片断——它们不知怎的将私人性(因为我们每个人都特权享有自己的片断)和主体间性(因为我们每个人基本都能认识他人的片断)结合起来。"换言之,如若我们不能像我们能用"这是红的"一样通过归纳来建立经验关联,我们究竟怎么会认识到具有"我看到看上去是红的某物"或"我在想维也纳在奥地利"这个形式的报告是某些内在事实的可靠征兆?琼斯的神话是对这个问题的回答——确切地讲,我们一旦将笛卡尔与经验主义者的自我确证的非言语片断的观念和([10]许诺的)赖尔与维特根斯坦的反内在片断的意味都放弃,这就是唯一可能的回答。

塞拉斯会"用一个神话消灭一个神话"[63]。他会论述,一个一直以来已经得到思想和感觉印象的共同体,怎么会逐步得到**思想**和**感觉印象**这些概念,然后能非推论地运用它们,从而第一次觉察和觉知那些思想和感觉印象。这是作为一个神话明确提出的。塞拉斯并非在断言事情这样现实发生,即我们真有赖尔祖先或者我们的概念归因于一位原始天

---

① 这里"唯名论"的意义完全不同于前一段调用的意义,针对它在[6]中的使用。参见[29]。

才(更不用说我们称之为"琼斯")。塞拉斯的实用主义强行将概念在先性的问题转化为不同语言阶层的相对自主性的问题,即转化为有关什么语言游戏能独立于且先于哪些其他语言游戏来玩的问题。讲述一个貌似历史的、发展的故事,是展现那些关于概念依赖和预设的关系的一个方式。

第 XI 部分　[46]—[47]
思想:经典的看法

第 46 节:前一节说明(与赖尔相反)真的有印象要解释。这一节也这么说思想。这里的论证方式基本一样:塞拉斯指出,很难为这些东西辩解,我们可能赞同,如果其他条件均同,能保留它们的理论优于必须否认它们的理论。

第 47 节:这一小节是向赖尔直接述说,摒弃了他的断言

(a)"特权享有"必定意指不会变的享有——塞拉斯予以拒绝,因为别人常常可以说出我一定在想什么,即使当时我没有觉知到这样想了;

和

(b)可内省的思想只是轻声的言语意象:语词在我们的头脑中一闪而过,它们"**被感知**"就好像这些语词被听到或被看到。([56]进一步讨论这一点。)

如果我们要理解塞拉斯关于思想和感觉印象的正面论述,我们就得摆脱这些前理解。

第 XII 部分　[48]—[50]
我们的赖尔祖先

第 48 节:塞拉斯引入"我们的赖尔祖先"的观念,他们具有且能谈论较为长期的倾向特征,赖尔的描述非常适合:信念、欲望、希望、恐惧、

计划、心情、性格特征,等等。虽然赖尔大体是对的(我们仍得给他的原子主义方法加上整体主义限定),但是他不明智地认为,他成功给予这种心理现象以倾向-行为的描述,意味着不能这样解释的必定是形而上学的和不合法的。通过琼斯,塞拉斯会表明并非如此。塞拉斯(根据倾向和片断的差异)坚持认为,得到赖尔这种虚拟条件句尚未使赖尔人能谈论思想和经验。塞拉斯将表明,他们需要什么额外概念资源来发展出**思想**的概念,然后据此发展出**感觉印象**的概念。

第49节:问题是,得给赖尔语补充什么,讲这种语言的人才"可能会认定对方和自己是(我们意义上的)思想、观察、得到感受和感觉的动物"。[最后一个分句是想消除心理主义话语只可倾向分析的部分——是心理学的(信念和欲望这种命题态度是典型)但不算作心理**片断**。]第一个条件是**语义**话语(参见[30])。语义话语属于认识的方面。它不是"关于言语执行的原因和结果的陈述的定义简写",尽管它可以有这种陈述是依情况而定的结果。语义话语是一种**规范**话语,讨论表达式**应当**怎样使用,或者怎样**恰当**使用或**正确**使用。这是塞拉斯最基础的想法之一,出现在几乎全部他最早的文章中。([51]和[52]会告诉我们第二个条件。)

第50节:"我眼下的问题是,看一看我能否调和这个经典想法,即思想是既非外显行为亦非言语意象且用意向性语汇恰当指称的内在片断,和这个想法,即关于意向性的范畴说到底是关乎外显言语执行的语义范畴。"这后一个想法是,思想必须类比言谈来理解,在这个意义上:我们用来谈论我们思想的意指或内容的概念,根据它们在其谈论我们**说**什么而非我们**想**什么的原始的或"母"语言游戏中的角色来理解(比较,达米特承诺将判断理解为一个断言动作的内化,而非将断言理解为一个判断动作的外化)①。

---

① 迈克尔·达米特:《弗雷格的逻辑哲学》(New York: Harper and Row, 1973),第362页。

第 XIII 部分　[51]—[52]
理论与模型

第 51 节：塞拉斯在这里继续讨论(在第 IX 部分列在"科学实在论"标题下讨论的)理论语言。理论话语只是日常经验语言一个维度的精深。模型和评注是它可以出现的一个方式。塞拉斯在向我们讲述这一点，因为"理论话语与观察话语之间的差异涉及关乎内在片断的概念的逻辑"。

第 52 节：因此，"丰富其赖尔语的第二个阶段是补充理论话语"。这很重要，因为塞拉斯断言"理论话语和观察话语之间的差异涉及关乎内在片断的概念的逻辑"。

第 XIV 部分　[53]—[55]
方法论的行为主义与哲学的行为主义

第 53 节：琼斯是一位(下文阐明，塞拉斯也认可的)方法论的行为主义的先驱。

第 54 节：行为主义者未必说他们的描述是分析我们已使用的概念；他们也未必靠明确定义来引入他们的理论观念。不然前者就是分析的或逻辑的行为主义，后者就是一种工具主义。两者都是错误的。而是，这条行为主义的要求，即所有概念应该用关乎外显行为的基本语汇来引入，和这个想法，即一些行为主义概念要作为**理论**概念(相对于行为的观察语汇)来引入，不矛盾。我们一旦看到(我们曾在[39]—[44]看到)理论对象与可观察对象之间的差异是方法论的，不是存在论的，即它有关我们之于那些对象的享有(要么是纯推论地，要么也是非推论地)，没有提到相关的对象种类，这个看法就变得可行了。说它们在这个意义是理论概念，就是说(在语言游戏发展的这个阶段)它们只能用作推论的结论。因而,它们不等同于任何(可用于观察的)行为描述。这个想法是塞拉斯最重要的创新之一。

第55节：在这个方法论意义上的行为主义与物理主义不矛盾,因为它使用的理论概念可能会指称可在神经生理学上描述的项(正如"冥王星",作为微扰海王星轨道的东西的名称引入,可能会用于一个奶酪天体)。不过,它也可以否认这种物理主义。行为主义和物理主义是两种不同且独立的承诺。

第XV部分　[56]—[59]
私人片断的逻辑：思想

第56节：琼斯的思想模型是内在言说。他的评注确保这不被设想为言语意象。([47]引入的)言语意象提议令人难以接受的是它使用一个准感知模型：听到一条内在舌头在摆动。

第57节：该模型将语义范畴从外显发声运用到思想;因此思想可以"关涉"事物。

第58节：

(1) 这个琼斯理论与二元论和唯物主义都不矛盾。

(2) 内在片断是不可观察的,就像分子或水坝裂痕的原因是不可观察的,而非幽灵是不可观察的。那就是说,尽管这样的观察基本可能,但是我们(在故事的这个阶段)恰巧还不能非推论地报告它们。因而,它们可能会等同于生理学事件。尽管如此,此时只能使用第三人称,即使是描述我们自己的片断。

(3) 我们学会言说才能思想——我们懂得关于公共断言的社会实践才能"心理"断言什么(心想……)。因而,言谈在解释次序上先于思想。不过,我们一旦同时学会言谈和思想,思想常常在因果次序上先于言谈。

（4）因此，语言有意指（即"关涉"事物）的观念不能用思想有意指来解释（例如，以笛卡尔或洛克的方式）。这项规划必须用言谈的意指来解释思想的意指，言谈的意指必须用别的方式来解释（例如，用社会实践）①。

（5）琼斯不认为这些片断是直接经验，即思想者特权享有的东西，因为他尚未得到这个概念。他的片断只是在"在皮肤下面"这个通俗意义上是"内在的"。

第59节：不过，最终，当琼斯将他的理论教给别人，他们"不是非得观察[他们自己的]外显行为，才能被训练会使用这理论的语言来作相当可靠的自我描述"。那就是说，一个人（可能靠某一与他的思想相联系的最终可以发现的神经生理学事件）可以产生一个条件反射，来非推论地报告此前只能推论的东西。"最初具有纯粹理论使用的一种语言得到一个报告角色。"最终也可能不是这样。不过，只要琼斯的理论是好的（此问题基本不依靠这些片断最终可以等同于可用神经生理学语言描述的片断），他的同胞们就**已经**在可靠地越级回应这些片断。因此，我们可以预料，他们会学会拓展他们的越级回应到涵盖报告。这个故事解释了原因：认定"这些概念有报告使用（我们不是在从行为证据作推论），尽管如此，[这描述]仍坚持认为外显行为是这些片断的证据这个事实嵌入这些概念的核心逻辑，正如可观察的气体行为是分子片断的证据这个事实嵌入分子谈论的核心逻辑"。

第XVI部分　[60]—[63]
私人片断的逻辑：印象

第60节：琼斯现在像他之前处理思想一样处理感觉印象。这个范

---

① 《意向性与心理》（与罗德里克·齐硕姆的通信专题），载于《明尼苏达科学哲学研究》，第507—539页。

畴预设思想范畴。我们从一个被称之为"感知"的思想子类开始。看到某物是这样在琼斯理论中是一个内在片断,其模型是根据看来报告某物是这样。不过,这些感知尚不是感觉印象。我们还有(处于认识次序中的)一种**断言**,而非(处于因果次序中的)一种**殊相**。要理解感觉印象,我们需要这个观念:感知者弄对和弄错有红的三角形某物的场合所共有的"感知者的状态"。这将是塞拉斯在[45]的第三段和[22]谈论的对印象的"内在描述"。这里是从[7]中诉求的因果方面来对感知理论作出的一个概述。

第61节:思想以语句为模型,而印象以作为殊相的图画或(更一般地讲)复制品为模型。模型的根本特征是,种种视觉印象之间有一套相似和相异的方式,其在结构上类似种种视觉对象的颜色形状相似和相异的方式。那就是说,有感知者的状态,虽然它们既非红的亦非三角形的,却具有与视觉物理对象具有的种种特征同构的特征(将其称为"关于红的"和"关于三角形的")。这是一种关于感觉印象的功能主义。这些复制品的出现被理解为关于殊相的一个非认识关系(神经生理学或二元论心灵科学可能会向我们作进一步说明)。"比如,关于一个红的三角形的印象的模型是一个红的三角形复制品,而非**看到**一个红的三角形复制品",这是一件认识的事。它们总的解释角色可以这样概括:"当之于一个人看上去好像那边有一个红的三角形物理对象,(从该理论的立场看)机体回应的"是感觉印象。

第62节:这一节像[59]处理思想一样处理感觉印象。它指出,人们能被训练产生条件反射,来报告这些被称为"印象"的理论实体。(或许会最终发现某神经生理学机制解释了这种回应倾向的习得。)此时,因为琼斯的学生能非推论地报告他们的感觉印象和思想,因此他们直接(在非推论的意义上——拒绝所予神话之后唯一可行的意义)觉知两种内在片断。就感觉印象而言,这是觉知到"在其中要么我们看到某物是红的和三角形的、要么某物只不过看上去是红的和三角形的或那边只不过看上去有一个红的三角形对象的经验共有的一类"[45]印象。这样的关于感觉印象的非推论报告，即具有"我现在感觉到一个关于一个红的三角形的感觉印象"这个形式的报告，完全不同于使用"看上去"作出的报告（文章的前半部分考虑了它们）。使用"看上去"的非推论报告将"that 分句"当作其内容说明，表明在推论上可能进一步得到认可。关于一个感觉印象的非推论报告将对一种效仿复制品的殊相的描述当作其内容说明，表明物是怎样和物看上去是怎样的报告共有的因果前件。（回想[7]的诊断。）两者并行将重新上演所予神话。这两个根本上是派生和寄生的语言阶层（都围绕非推论的使用）表达感知经验的不同方面。概念觉知感觉印象（塞拉斯现在以一种不神秘也不危险的方式使之可行）是（按照[16]的开头几句）除了认可"感知对象从感知者[非推论地]拧出的"命题内容之外，我们的感知含有的"其他东西"。它们是[45]第一段的许诺。我们觉知的感觉印象（感觉印象的概念和相应的非推论报告的实践一旦都齐备）**解释**这个事实："当我说'x 现在之于我看上去是绿的'……我的经验，**作为一个经验**，与看到 x 是绿的的真实经验可以说无法内在区分[16]。"因为，两种言说动作都源自运用可靠的越级倾向来回应感觉印象的在场——它们在琼斯给了我们这些概念（没有这些概念我们就不可能觉知它们）之前已是这样。只需要用这种适合其（例如）可视表面的**复制品**模型的推论阐明，来给那些回应倾向补充**感觉印象**这个新概念。

　　塞拉斯现在完成了他的任务。我们现在有了秘诀，告诉我们怎么诊断和处理各种各样的所予神话，无论所予乔装殊相[其发生衍推认识到或相信某物（例如，感觉材料论）]，还是以非推论习得的有命题内容的信念（例如，"看上去"的谈论所表达的）的形式。笛卡尔这种之于所予的认识论的基础主义诉求已经失败了，因为概念的**非**推论使用（不管它们的题材被理解为"内在的"还是"外在的"）会预设概念的**推论**使用。经验主义诉求前概念所予来解释概念习得（无论是靠抽象还是别的）失败了，因

180

为"我们现在认定,我们并非因为觉察那类什么才得到关于什么的概念,而是得到觉察一类什么的能力已经是(而且不能解释)得到关于那类什么的概念"[45]。尽管如此,塞拉斯已向我们表明,我们怎么会理解我们直接觉知心理片断(运用**由**思想和感觉印象非推论地引出的关于思想和感觉印象的得到推论阐明的**概念**)——包括我们每人都有限地却真实地享有的这样的内在片断——而不承诺所予神话。

实用主义与美国思想文化研究

丛书主编：刘放桐　陈亚军

《杜威哲学的现代意义》

　　　　　　　　　刘放桐　主编，复旦大学出版社，2017年1月

《匹兹堡问学录——围绕〈使之清晰〉与布兰顿的对谈》

　　　　　　　陈亚军　访谈　周　靖　整理，复旦大学出版社，2017年1月

《实用主义的研究历程》

　　　　　　　　　刘放桐　著，复旦大学出版社，2018年3月

《匹兹堡学派研究——塞拉斯、麦克道威尔、布兰顿》

　　　　　　　　　孙　宁　著，复旦大学出版社，2018年8月

《真理论层面下的杜威实用主义》

　　　　　　　　　马　荣　著，复旦大学出版社，2018年8月

《后现代政治话语——新实用主义和后马克思主义》

　　　　　　　　　董山民　著，复旦大学出版社，2019年7月

《"世界"的失落与重拾——一个分析实用主义的探讨》

　　　　　　　　　周　靖　著，复旦大学出版社，2019年7月

《罗伊斯的绝对实用主义》

　　　　　　　　　杨兴凤　著，复旦大学出版社，2019年7月

……

实用主义与美国思想文化译丛

丛书主编:陈亚军

《三重绳索:心灵、身体与世界》

　　　　希拉里·普特南　著,孙宁　译,复旦大学出版社,2017年1月

《经验主义与心灵哲学》

　　　　威尔弗里德·塞拉斯　著,王玮　译,复旦大学出版社,2017年1月

《将世界纳入视野:论康德、黑格尔和塞拉斯》

　　　　约翰·麦克道威尔　著,孙宁　译,复旦大学出版社,2018年8月

《自然主义与存在论》

　　　　威尔弗里德·塞拉斯　著,王玮　译,复旦大学出版社,2019年6月

《阐明理由——推论主义导论》

　　　　罗伯特·B.布兰顿　著,陈亚军　译,复旦大学出版社,2019年8月

《推理及万物逻辑——皮尔士1898年剑桥讲坛系列演讲》

　　查尔斯·桑德斯·皮尔士　著,张留华　译,复旦大学出版社,2019年8月

……

复旦大学出版社　　　复旦社
天猫旗舰店　　　　陪你阅读这个世界

图书在版编目(CIP)数据

经验主义与心灵哲学/[美]威尔弗里德·塞拉斯(Wilfrid Sellars)著,[美]理查德·罗蒂(Richard Rorty)引言,[美]罗伯特·布兰顿(Robert Brandom)导读;王玮译.
—上海:复旦大学出版社,2017.1(2019.6重印)
(实用主义与美国思想文化译丛/陈亚军丛书主编)
书名原文:EMPIRICISM AND THE PHILOSOPHY OF MIND
ISBN 978-7-309-12576-4

Ⅰ.①经… Ⅱ.①威…②理…③罗…④王… Ⅲ.①经验主义②心灵学 Ⅳ.①B089②B846

中国版本图书馆 CIP 数据核字(2016)第 235850 号

EMPIRICISM AND THE PHILOSOPHY OF MIND
by Wilfrid Sellars with an introduction by Richard Rorty and a study guide by Robert Brandom
Copyright© 1997 by the President and Fellows of Harvard College
Simplified Chinese translation copyright © 2016 by Fudan University Press Co., Ltd.
Published by arrangement with Harvard University Press through Bardon - Chinese Media Agency
(博達著作權代理有限公司)
ALL RIGHTS RESERVED
上海市版权局著作权合同登记图字:09-2016-356 号

经验主义与心灵哲学
[美]威尔弗里德·塞拉斯(Wilfrid Sellars) 著 [美]理查德·罗蒂(Richard Rorty)引言
[美]罗伯特·布兰顿(Robert Brandom)导读 王 玮 译
责任编辑/陈 军

复旦大学出版社有限公司出版发行
上海市国权路 579 号 邮编:200433
网址:fupnet@fudanpress.com http://www.fudanpress.com
门市零售:86-21-65642857 团体订购:86-21-65118853
外埠邮购:86-21-65109143
常熟市华顺印刷有限公司

开本 787×960 1/16 印张 9.25 字数 114 千
2019 年 6 月第 1 版第 2 次印刷

ISBN 978-7-309-12576-4/B·590
定价:32.00 元

如有印装质量问题,请向复旦大学出版社有限公司发行部调换。
版权所有 侵权必究